PROFI-TIPS

INGRID & REINER KLIMKE

CAVALETTI

Dressur und Springen

Profi-Tips

INGRID & REINER KLIMKE

CAVALETTI

Dressur und Springen

KOSMOS

126 Farbfotos von Werner Ernst, Ganderkesee, und Norbert Schamper, Telgte (S. 25, 31)
Zeichnungen von Gisela Holstein, Carbury/Irland, Computer-Grafiken von Max Eicher, München

Umschlaggestaltung von Atelier Reichert, Stuttgart, unter Verwendung von Farbfotos von Werner Ernst, Ganderkesee

Die Deutsche Bibliothek – CIP-Einheitsaufnahme

Profi-Tips Cavaletti:
Dressur und Springen / Ingrid & Reiner Klimke. [Farbfotos von Werner Ernst und Norbert Schamper. Zeichn. von Gisela Holstein. Computer-Grafiken von Max Eicher]. Aktualisierte, erw. Neuausg. – Stuttgart : Kosmos, 1997
ISBN 3-440-07464-1

Der Text basiert zum Teil auf dem in sieben Auflagen erschienenen Titel »Cavaletti«

ISBN 3-440-07464-1
Lektorat: Sigrid Eicher
Herstellung: Kirsten Raue
Printed in Germany/Imprimé en Allemagne
Satz: Steffen Hahn GmbH, Kornwestheim
Druck und buchbinderische Verarbeitung: Westermann Druck Zwickau GmbH, Zwickau

Profi-Tips Cavaletti – Dressur und Springen

Vorwort zur 1. Auflage — 7

Vorwort zur aktualisierten Neuausgabe — 9

Theoretische Grundlagen — 12
Warum lohnt sich der Einsatz von Cavalettis bei der Ausbildung des Pferdes? — 12
Warum lohnt sich der Einsatz von Cavalettis bei der Ausbildung des Reiters? — 14

Die praktische Ausrüstung — 18
Bodenricks in verschiedenen Ausführungen — 18
Cavaletti-Ersatz durch Stangen — 19
Bodenverhältnisse — 21
Die Ausrüstung des Pferdes — 21

Cavaletti-Arbeit ohne Reiter — 24
Frei laufend — 24
1. Phase: Freies Ablaufen zum Lösen — 24
2. Phase: Beizäumen mit Ausbindezügeln — 25
3. Phase: Traben über Cavalettis — 26
4. Phase: Vergrößerte Zwischenabstände — 27
Übungsdauer — 27
An der Longe — 28
Aufbau der Cavalettis — 29
1. Phase: Ablongieren ohne Cavalettis — 30
2. Phase: Anlegen der Ausbindezügel — 30
3. Phase: Longieren über Cavalettis — 32
Übungsdauer — 33

Cavaletti-Arbeit mit Reiter und Pferd auf geraden Linien — 36
Verschiedene Formen des Cavaletti-Aufbaus — 36
Cavaletti-Arbeit im Schritt — 39
Cavaletti-Arbeit im Trab — 47
Cavaletti-Arbeit im Galopp — 62

Cavaletti-Arbeit auf gebogenen Linien — 66
1. Phase: Lösende Übungen — 68
2. Phase: Arbeit auf gebogenen Linien — 68
3. Phase: Der gute Abschluß — 70

Springgymnastik — 74
Einführung — 74
Grundlagen — 75
Ziele — 75
Der Aufbau einer Trainingsstunde — 76
Schulung des Reiters — 77
Ausrüstung — 77
Grundelemente des effektiven Reitens über Sprünge — 78
Der Sitz und die Balance — 81
Leitfaden zur praktischen Umsetzung — 85
Typische Fehler und Korrekturvorschläge — 96
Schulung des Pferdes — 102
Ausrüstung — 102
Vorüberlegungen — 103
Aufbauvariationen für unerfahrene Pferde — 105
Typische Fehler und Vorschläge zur Korrektur — 121

Ausbildungspläne — 130
Vier-bis-Sechs-Wochenplan für die Grundausbildung — 130
Vier-bis-Sechs-Wochenplan für ein Dressurpferd — 134
Vier-bis-Sechs-Wochenplan für ein Springpferd — 136
Aufbauvorschläge für Jugendreiten — 138

Register — 141

Vorwort zur 1. Auflage

Die heutige Springauffassung geht auf den italienischen Rittmeister Federigo CAPRILLI zurück. CAPRILLIS Lehre von der natürlichen Ausbildungsmethode führte um die Jahrhundertwende zu einer Umwandlung des *Springstils.* Früher neigte man sich beim Springen mit dem Oberkörper zurück und zwängte den Pferdehals in eine starre Haltung. CAPRILLI erkannte, daß sich die Pferde über dem Hindernis am besten ausbalancieren können, wenn der Reiter ihren Rücken durch Vorneigen seines Oberkörpers entlastet und gleichzeitig mit den Händen vorgeht. Heute ist dieser *Entlastungssitz* eine Selbstverständlichkeit, und man weiß, daß die Pferde ihren Hals während des Springens als Balancierstange benötigen.

Das Programm der *natürlichen Ausbildungsmethode* umfaßte auch die Arbeit mit Bodenricks oder *Cavaletti,* wie sie im Italienischen heißen: Holzstangen, die an den beiden Enden auf niedrigen Ständern befestigt sind. Bei uns ist inzwischen die eingedeutschte Form »Cavalettis« so gebräuchlich geworden, daß ich sie auch im Text beibehalten habe. Über diese »Cavalettis« ließ CAPRILLI die Pferde in verschiedenen Gangarten mit und ohne Reiter treten. Daraus entwickelte sich die *Cavaletti-Arbeit,* die an den italienischen Kavallerieschulen nach und nach zu einem festen Begriff wurde.

In Deutschland fanden die Lehren der italienischen Springschule nur langsam Eingang. Auf der Kavallerieschule in Hannover war es vor allem OBERST VON FLOTOW, den die Arbeit mit Cavalettis besonders interessierte und der für die Aufnahme einiger ihrer Grundsätze in die deutsche Reitvorschrift eintrat. Bei diesen wenigen Sätzen ist es bis heute geblieben.

Die Fachliteratur bringt, von einigen allgemeinen Bemerkungen abgesehen, nicht viel mehr als den Hinweis, daß die Cavaletti-Arbeit ein wertvolles Hilfsmittel für die Ausbildung von Reitern und Pferden sei.

Wie die Praxis täglich zeigt, ist es damit jedoch nicht getan. Überall kann man Reiter beobachten, die ihre Pferde über Stangen und Bodenricks treten lassen und fest davon überzeugt sind, gute Ausbildungsarbeit zu leisten. Bei näherer Betrachtung kann man dann feststellen, daß die einfachsten Begriffe über den Aufbau und die richtigen Abstände in den einzelnen Gangarten fehlen. Der erhoffte Erfolg muß zwangsläufig ausbleiben.

Leider wird die Schuld in diesen Fällen oft bei den Pferden gesucht. Schon manches gute Pferd ist durch unsachgemäße Cavaletti-Arbeit verdorben worden und hat sich ernsthafte Beinverletzungen zugezogen. Mancher, der diese Beispiele gesehen hat, lehnt Reiten über Bodenricks seitdem ab. Es erscheint daher angebracht, diesem Gebiet endlich eine zusammenhängende Darstellung zu widmen, die nicht nur vor Schaden warnen, sondern auch die Möglichkeiten aufzeigen soll, die durch eine systematisch aufgebaute Cavaletti-Arbeit geboten werden.

Ich selbst bin in den langen Jahren meiner reiterlichen Laufbahn zum überzeugten Anhänger der Ausbildung geworden. Ich hatte das Glück, die Verwendung von Cavalettis an der Westfälischen Reit- und Fahrschule in Münster und bei verschiedenen Lehrern des Deutschen Olympiade-Komitees für Reiter (DOKR) in Warendorf beobachten zu können. Es lag nahe, die dabei gewonnenen Eindrücke auszuwerten und durch eigene Erfahrungen weiter zu vervollständigen. Die vielen Notizen, die ich mir im Laufe der Zeit gemacht habe, und die Ergebnisse der von mir gerittenen Dressur- und Militarypferde im Turniersport des In- und Auslandes ermutigen mich zu dem Versuch, meine Gedanken über die Cavaletti-Arbeit in einer geschlossenen Abhandlung niederzuschreiben.

Ich würde mich freuen, wenn es mir gelingen würde, dem Leser neue Anregungen zu vermitteln und für die Reitausbildung nutzbar machen zu können. Glücklich schätzen würde ich mich, wenn es künftig weniger Reiter gäbe, die mit Pferden über Cavalettis reiten, ohne die notwendigen Vorkenntnisse zu besitzen.

Vorwort zur aktualisierten Neuausgabe

Der Wunsch vieler Leser hat es möglich gemacht, das Buch über Cavaletti-Arbeit neu herauszubringen. Über 30 Jahre ist es her, daß die erste Auflage erschien. Damals wie heute wurde darüber gesprochen und geschrieben. Die Skepsis mancher Pferdefreunde, die die Arbeit mit Bodenricks für die Ausbildung von Reitern und Pferden als lästige Mehrarbeit betrachtet haben, hat abgenommen. Im Gegenteil: Es ist festzustellen, daß die Ausbildungserfahrungen mit Cavalettis weitere Fortschritte erzielt haben, und zwar insbesondere auf dem Gebiet der Springgymnastik.

Ich bin froh, daß sich meine Tochter Ingrid bereit erklärt hat, ihre Erfahrungen aus dem Training mit nationalen und internationalen Springausbildern zu Papier zu bringen und damit den Teil der Springgymnastik dieses Buches völlig neu zu gestalten. Dies war notwendig, weil die Entwicklung auf diesem Gebiet eine neue Ära eingeleitet hat, die auf dem Gedankengut der deutschen Kavallerieschule basiert und die Möglichkeiten nutzt, die uns durch die heutige Sportpferdezucht geboten werden.

Ingrid hat als Dressur-, Spring- und Militaryreiterin in allen drei Disziplinen bis zur schweren Klasse Erfahrungen sammeln können, die dieses Buch bereichern. Dies gibt der Neuauflage einen besonderen Wert. Ich verbinde damit den Wunsch, daß die Arbeit mit Cavalettis neue Anhänger finden und die Freude an der Ausbildung ohne Zwang zum Wohle des Pferdes weitere Erfolge bescheren mögen.

Reiner Klimke

Theoretische Grundlagen

Theoretische Grundlagen

Um es vorweg zu sagen: Ich bin kein Freund von langen theoretischen Erörterungen. Es fällt mir immer schwer, mich über reiterliche Ausbildungsfragen mit jemandem zu unterhalten, der eigentlich alles genau weiß, aber leider noch nie auf einem Pferd gesessen hat. Andererseits fühle ich mich auch nicht zu den Reitern hingezogen, die sich damit brüsten, noch keine Reitlehre gründlich durchgelesen zu haben. Gewiß gibt es Reiter, die – namentlich im Springen – dank ihres Naturtalents auch ohne gründliche Ausbildung zu Spitzenerfolgen gekommen sind. Doch wer will in Abrede stellen, daß diese Talente bei systematischer Förderung weitaus mehr zu leisten imstande wären? Mit anderen Worten: Ich halte theoretische Studien für eine wertvolle Ergänzung der praktischen Ausbildung. Manche Schwierigkeit in der Ausbildung läßt sich viel leichter überwinden, wenn man sich nicht allein auf sein reiterliches Gefühl verläßt, sondern sich zwingt, sorgfältig nachzudenken, bevor man handelt.

Der Reiter trägt die Verantwortung für die Gesundheit seines Pferdes. Nur ein gesundes Pferd, dessen Muskulatur und Kondition schonend und planmäßig aufgebaut wurden, kann auch auf Dauer Leistung erbringen. Die ganz großen Reiter haben im Pferd immer den Partner gesehen, nicht das Sportgerät, mit dem sie ihre Eitelkeit befriedigen konnten. Und Partnerschaft kann ohne Verantwortungsbewußtsein nicht bestehen. Sie macht aber auch den Unterschied aus zwischen der Fortbewegung zu Pferd und dem Reiten als Kunst. Wer sein Pferd wirklich liebt und sich Reiter nennen will, hat die Verpflichtung, »Selbstzucht zu üben und Achtung vor der Kreatur zu haben«, wie es einmal Freiherr von Langen ausgedrückt hat, der nach dem 1. Weltkrieg als einer der ersten Deutschland im internationalen Wettbewerb wieder »salonfähig« machte, nicht nur durch sein reiterliches Können (er gewann 1928 in Amsterdam die Goldmedaille in der Dressur mit seinem legendären »Draufgänger«), sondern auch und vor allem durch seine Haltung. In diese Verpflichtung ist selbstverständlich mit eingeschlossen, daß sich jeder Reiter zunächst die notwendigen Kenntnisse verschaffen muß, bevor er mit der Ausbildung beginnt und dazu bestimmte Hilfsmittel benutzen will.

Übertragen auf die Arbeit mit Cavalettis erhebt sich daher zunächst die Frage nach dem Warum. Warum lohnt es sich, Cavalettis als Hilfsmittel für die Ausbildung von Reitern und Pferden einzusetzen? Welche Erfolge können durch diese Arbeit erzielt werden? – Erst wenn darüber Klarheit besteht, hat es Sinn, die weitere Frage zu stellen: Wie kann man die Verwendungsmöglichkeiten am besten nutzen?

Warum lohnt sich der Einsatz von Cavalettis bei der Ausbildung des Pferdes?

Die Ausbildung des Reitpferdes verfolgt das Ziel einer naturgemäßen Gymnastik. Die Körperkräfte des Pferdes sollen gestärkt und die Gelenke geschmeidiger gemacht werden. Ein wesentlicher Teil fällt also in das Gebiet der *Muskelschulung*. Hierfür kann die Cavaletti-Arbeit eine wertvolle Unterstützung sein. Die Entwicklung der Muskulatur ist von Bewegungsreizen abhängig. Muskeln werden durch gezieltes Bewegen gestärkt. Wenn sie nicht beansprucht werden, schwinden sie.

Die Cavaletti-Arbeit ist deswegen zur Ausbildung der Muskulatur so hervorragend geeignet, weil sie die Pferde zu bestimmten, kontrollierbaren Bewegungsabläufen veranlaßt. Das Pferd wird gezwungen, höher als gewöhnlich abzufußen und dadurch auch fester und bestimmter wieder auf den Erdboden aufzusetzen. Alle vier Beine und die dazugehörigen Gelenke werden also vermehrt beansprucht, ohne daß die Fußfolge in den drei Grundgangarten Schritt, Trab und Galopp geändert wird. Durch das dynamische An- und Abspannen der unterschiedlichen Muskelgruppen werden sämtliche für den Bewegungsvorgang wichtigen Muskeln des Pferdes gekräftigt.

Wird die Cavaletti-Arbeit jedoch zu lange ausgedehnt oder ist der Aufbau der Bodenricks nicht dem natürlichen Bewegungsrhythmus des Pferdes angepaßt, besteht die Gefahr einer ernsthaften *Schädigung.*

Muskeln wachsen durch Bewegung nur, wenn sie entsprechend ihrer Lage und ihrem Aufbau in ihrer natürlichen Funktion beansprucht werden. Sie verlieren an Umfang (atrophieren), wenn sie in falscher, krampfhafter Anspannung zu einer Arbeitsleistung herangezogen werden, die sie auf die Dauer nicht vollbringen können. Die Folgen sind Schwellungen und Erschlaffung als Ergebnis von Ernährungsstörungen im Muskel. Der Aufbau neuer Muskelsubstanz hält mit dem physiologischen Abbau (Verschleiß) nicht Schritt, so daß der Muskel an Umfang abnehmen muß. Nur systematische, langsam gesteigerte Cavaletti-Arbeit kann daher die Muskelbildung des Pferdes beschleunigen.

Sie ist aber auch geeignet, *Muskeln zu lockern* und *Steifheiten zu beseitigen,* namentlich bei verrittenen Pferden. Pferde, die mit tiefer Halseinstellung über Cavalettis geritten werden, wölben beispielsweise den Rücken auf und entspannen die dort befindlichen Muskeln. Der Bewegungsablauf kehrt zu seinem natürlichen Rhythmus zurück. Nach kurzer Zeit wird man beobachten können, daß die von der Hinterhand ausgehende Bewegung wieder ohne Stockung auf die Vorhand übertragen wird. Der Rücken des Pferdes schwingt mit und läßt den Reiter erneut bequem sitzen. Zwar läßt sich eine festgehaltene Rückenmuskulatur weitgehend auch schon durch Reiten mit *tiefer Halseinstellung* lösen; einfacher und sicherer ist die Korrektur jedoch, wenn man Cavalettis zu Hilfe nimmt, weil dadurch dem Pferd der Bewegungsablauf genau vorgeschrieben werden kann.

Die Arbeit mit Cavalettis eröffnet also die Möglichkeit, die Muskulatur des Pferdes zu lockern und zu kräftigen. Darüber hinaus kann sie für die Entwicklung des Herz-Kreislauf-Systems nutzbar gemacht werden. Dabei genügt es zu wissen, daß man niemals einzelne Organe, sondern immer nur den ganzen Pferdekörper trainieren kann. Langsame und stetige Bewegungssteigerung erhöht die Belastungsfähigkeit des Kreislaufs und führt zum Gewinn von Ausdauer. Nimmt man für dieses Training Cavalettis zu Hilfe, hat man den Vorteil einer meßbaren Beanspruchung. Insoweit kann die Cavaletti-Arbeit auch für die Konditionsschulung von Nutzen sein.

Gleichzeitig dient sie der Verwirklichung weiterer Ausbildungsziele. Eine der ersten Schwierigkeiten, mit denen das junge Pferd fertig werden muß, besteht darin, sich mit der Reiterlast im Rücken auszubalancieren. Wenn dieses Problem in der Reitbahn gelöst ist, kann mit der *Vorbereitung für Geländereiten und Springen* begonnen werden.

Im Zuge dieser Ausbildung lohnt sich wiederum die Verwendung von Cavalettis. Pferde, die über Bodenricks geritten werden, erlangen eine große *Trittsicherheit,* weil sie ihre Schritte, Tritte und Sprünge nach den festliegenden Stangen richten müssen. Sie lernen außerdem, ihren Schwerpunkt rasch und sicher zu verschieben. Da das Gleichgewicht durch das erhöhte Abfußen ständig wechselt, wird zugleich das *Ausbalancieren* weiter geübt und das Pferd zum sicheren Gehen auch auf unebenem Gelände vorbereitet.

Das Abfußen in bestimmten Abständen erfordert Aufmerksamkeit und genaues Taxieren. Damit sind Eigenschaften angesprochen, durch die sich besonders Springpferde auszeichnen müssen. Cavaletti-Arbeit gibt also auch Gelegenheit, die *Psyche des Pferdes* kennenzulernen und auf sie einzuwirken. Die Art und Weise, mit der das Pferd eine ihm gestellte Aufgabe über Cavalettis meistert, ob es willig und ruhig bleibt oder heftig wird und sich widersetzt, läßt Rückschlüsse auf Temperament und Charakter zu. Durch wechselnden Aufbau und unterschiedliche Abstände kann die Gelehrigkeit erprobt und weiter gefördert werden. Die Pferde werden aufgeweckter und lernen vor allem, bestimmte Aufgaben selbständig zu lösen. Cavaletti-Arbeit kann daher auch in gewissem Sinne Intelligenzschulung sein – ein Gebiet, das leider viel zuwenig Beachtung findet.

Im Rahmen der *Dressurausbildung* sind Cavalettis vor allem geeignet zur Förderung der Grundgangarten Schritt und Trab. Konstante Abstände zwischen den einzelnen Bodenricks dienen zur Verbesserung von Takt und Gleichmaß der Bewegungen. Schwung und Ausdruck werden allein schon durch das höhere Treten vermehrt. Von dort ist es kein weiter Weg mehr zu den ersten Anfängen der Passage.

Die grundsätzliche Frage nach dem Wert der Cavaletti-Arbeit für die Ausbildung des Reitpferdes läßt sich daher wie folgt beantworten:

Die Arbeit mit Cavalettis erleichtert die Grundausbildung *aller* Reitpferde. Sie schafft die Möglichkeit, auch Schwierigkeiten in Spezialzweigen wie Springen, Dressur und Geländereiten schneller und einfacher zu beheben.

Warum lohnt sich der Einsatz von Cavalettis bei der Ausbildung des Reiters?

Für die Ausbildung des Reiters sind die Vorzüge der Cavaletti-Arbeit keineswegs geringer einzuschätzen. Jede sportliche Betätigung lebt von der Freude, mit der sie betrieben wird. Das ist im Reitsport nicht anders. Wer reiten will, muß Passion haben und selbstverständlich bereit sein, auch die unangenehmen Seiten mit in Kauf zu nehmen. Genauso selbstverständlich ist es jedoch, daß die Passion einer ständigen Pflege bedarf. Damit sind vor allem die Reitlehrer gemeint, die in den Städten und Vereinen die Jugend unterrichten und die große Zahl der Hobbyreiter betreuen. Wer seine Schüler fast nur dressurmäßig in der Abteilung reiten läßt und es nicht versteht, die Reitstunde immer wieder neu zu beleben, darf sich nicht wundern, wenn die Passion auf die Dauer erlahmt. Die Verwendung von Cavalettis mit ihren vielfältigen Aufbaumöglichkeiten bietet hier die *willkommene Abwechslung*. Ich habe es erlebt, mit welcher Begeisterung vor allem Jugendliche bei der Sache sind, wenn man ihnen kleine Aufgaben über Cavalettis stellt. Die Freude ist meistens so groß, daß alle Steifheit und Verkrampfung wie weggeblasen erscheint und man nach kurzer Zeit schon beobachten kann, daß die Reiter geschmeidig und losgelassen in die Bewegung des Pferdes eingehen.

Und damit sind wir beim praktischen Wert der Cavaletti-Arbeit für die Ausbildung des Reiters angelangt. Der junge Reiter steht am Anfang vor der Schwierigkeit, sein Pferd durch den Sitz nicht zu stören. Fast jeder Anfänger neigt dazu, mit der Hand und mit dem Oberkörper zurückzugehen, wenn das Pferd eine ungleiche Bewegung macht. Gerade das Gegenteil ist aber richtig. Die Hände müssen nachgeben, damit das Pferd sich im Hals ausbalancieren kann. Ein plötzliches Hintenheruntersitzen blockiert den Pferde-

Die unkontrollierten Bewegungen der noch etwas ängstlichen 4jährigen Trakehner Stute La Dique von Kostolany begleitet der Reiter durch geschmeidigen Sitz nach vorn.

rücken, anstatt ihn zu entlasten. Deshalb muß der Reiter lernen, in solchen Situationen geschmeidig nach vorn in die Bewegung des Pferdes einzugehen. Voraussetzung dafür ist die Fähigkeit, sich mit fest anliegendem Knie und Unterschenkel unabhängig von der Bewegung des Pferdes im Gleichgewicht zu halten. *Knieschluß* und *Ausbalancieren* können am Anfang nicht genug geübt werden. Da die Springbewegung des Pferdes beim Galoppieren über Bodenricks nicht so groß ist wie beim Springen über ein Hindernis, kann die Arbeit mit Cavalettis hierfür besonders empfohlen werden. Abgesehen davon schult sie das *Gefühl* für den schwingenden Pferderücken.

Auch fortgeschrittene Reiter sollten die Gelegenheiten nutzen, durch Reiten über Bodenricks ihren *Sitz* zu kontrollieren. Das Ziel, stets in voller Harmonie mit dem Pferd zu sein, ist viel zu hoch, als daß Sitzübungen überflüssig werden könnten. Und mancher Springreiter könnte dabei zugleich seinen *Blick für die richtige Distanz* vervollständigen.

Zusammenfassend läßt sich daher festhalten:

Die Arbeit mit Cavalettis macht Freude. Sie festigt den Sitz und schult das reiterliche Gefühl. Infolgedessen unterstützt sie die Ausbildung aller Reiter.

Die praktische Ausrüstung

Die praktische Ausrüstung

Nachdem im Grundsätzlichen geklärt worden ist, welchen Ausbildungswert die Arbeit mit Cavalettis haben kann, muß noch die Frage erörtert werden, welche Ausrüstungsgegenstände man benötigt.

Bodenricks in verschiedenen Ausführungen

Wie sieht ein Cavaletti aus? – In der Einführung ist bereits gesagt worden, daß Bodenricks aus Holzstangen bestehen, die an den beiden Enden auf niedrigen Ständern befestigt sind. Die Stangen sollen dick, rund und hart sein, damit sie vom Pferd genügend beachtet werden, und nicht splittern, damit beim Anstoßen unnötige Verletzungen vermieden werden. Die günstigste Länge beträgt in der Regel 2,50–3,50 m. Je länger die Stangen sind, desto schwieriger wird es, die Pferde über den Cavalettis geradeaus zu halten.

Die Ständer an den Seiten findet man in drei verschiedenen Formen: rechteckig, quadratisch oder als Kreuz.

Die rechteckigen Stützen lassen sich in der Höhe nicht gut verstellen. Dagegen haben die kreuzweisen und quadratischen Auflagen den Vorteil, daß sie in drei verschiedenen Höhen aufgebaut werden können. Ich habe deshalb immer nur die letzteren verwendet. Außerdem ist darauf zu achten, daß die Cavalettis genügend schwer sind, da leichte Cavalettis zu schnell verrutschen. Für nicht geeignet halte ich Aluminiumstangen. Wenn ein Pferd daran anschlägt, entsteht ein sehr

Verschiedene Arten von Bodenricks

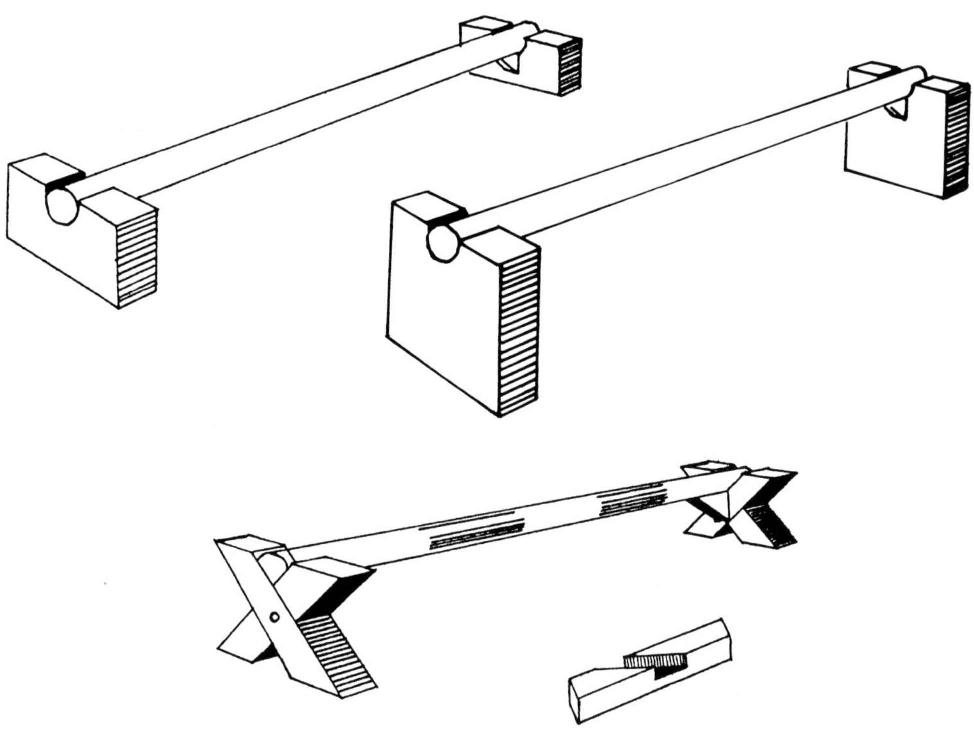

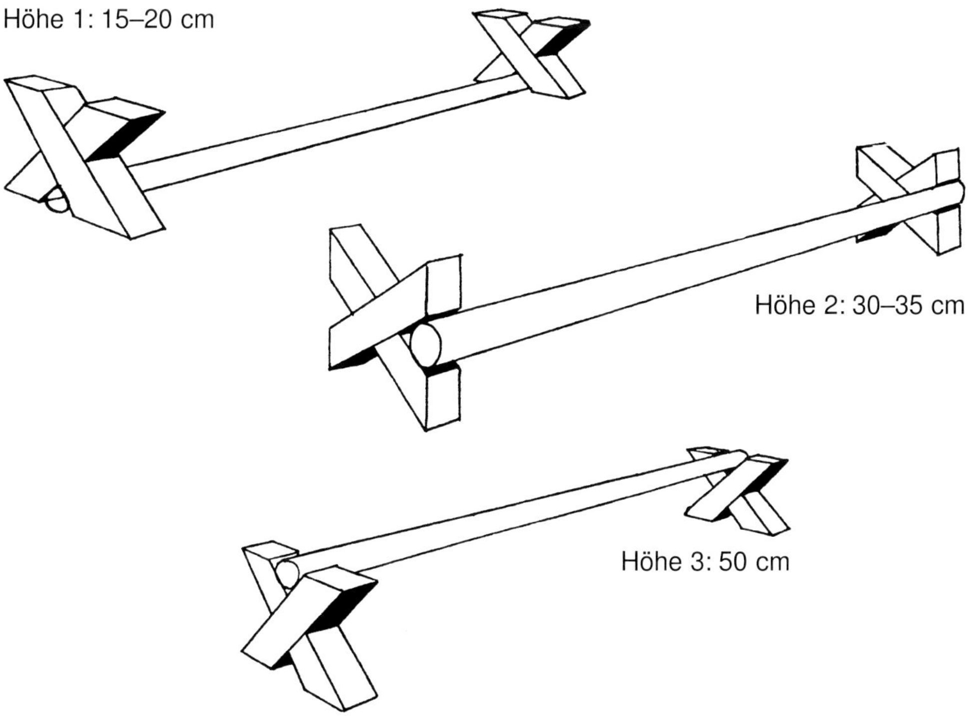

Bodenrick in drei verschiedenen Höhen

lautes Geräusch, so daß junge Pferde leicht Angst bekommen und ältere Pferde schneller abstumpfen.

Der Vorteil eines Würfelständers besteht darin, daß die Verletzungsgefahr reduziert wird. Wenn das junge Pferd an dem Cavaletti vorbeiläuft und die kreuzweisen Auflagen streift, kann es sich an den scharfen Kanten verletzen. Gerade für die Arbeit an der Longe haben die Würfel den Vorteil, daß die Longe sich nicht wie am Kreuz in ihnen verheddern kann.

Die niedrigste Höhe, die gleichzeitig als das normale Maß anzusehen ist, beträgt 15–20 cm. Sie dient besonders der Schritt- und Trabarbeit. Für Galopp empfiehlt sich das Verstellen auf 50 cm, damit dem Galoppsprung der nötige Ausdruck verliehen wird und die Pferde von vornherein zur Aufmerksamkeit erzogen werden.

Cavaletti-Ersatz durch Stangen

Wer keine Cavalettis besitzt, kann sie mit gewissen Einschränkungen auch durch einfache Stangen ersetzen. Stangen haben jedoch verschiedene Nachteile und sind deshalb – streng genommen – kein richtiger Ersatz. Sie erreichen einmal nicht die gewünschte Höhe von 15–20 cm und werden darum von den Pferden oft nicht genügend beachtet. Zum anderen verrutschen sie leicht, wenn die Pferdehufe dagegen stoßen. Schließlich können sie sogar gefährlich werden, falls ein Pferd darauf tritt, weil durch die wegrollende Stange zu leicht eine Verstauchung des Fesselgelenks oder eine Sehnenzerrung verursacht werden kann.

Im Durchschnitt genügt es, wenn man *vier bis sechs Bodenricks* oder Stangen zur Verfügung hat. Für junge Pferde schafft man noch eine seitliche Begrenzung durch Fänge oder Stangen in Längsrichtung.

Cavalettis mit seitlicher Begrenzung *durch Fänge*

durch Stangen

Bodenverhältnisse

Von entscheidender Bedeutung ist die Frage der Bodenverhältnisse, die häufig leider viel zu sehr vernachlässigt wird. Die Arbeitsleistung, die vom Pferd verlangt wird, richtet sich nicht nur nach der Anzahl der Cavalettis und der Dauer der Übung; sie ist im besonderen Maße auch von der Beschaffenheit des Untergrundes abhängig. Zu tiefer Boden erhöht die Belastung besonders der Bänder und Sehnen des Pferdes. Sehr harter Boden federt nicht, überlastet die Gelenke und birgt die Gefahr des Einknickens bei ungleichen Tritten. Optimal ist ein nicht zu tiefer Sandboden.

Diese Auswirkungen müssen mit berücksichtigt werden, wenn die Arbeit mit Cavalettis Erfolg haben soll. Wer zwischen Gras- und Sandboden wählen kann, möge sich für Sandboden entscheiden, der im übrigen – gerade bei Feuchtigkeit – weniger rutschig ist. In jedem Falle muß jedoch beachtet werden, daß die Cavalettis auf ebenem Untergrund stehen, der keine Löcher hat, damit die Pferde vertrauensvoll und losgelassen zutreten können.

Die Ausrüstung des Pferdes

Zur Schonung der Pferdebeine lege ich meinen Pferden vor der Arbeit *Gamaschen* oder *Bandagen* an. Ich halte es für wichtig, die Pferdebeine durch Gamaschen oder Bandagen zu schützen, weil sie zumindest die Bildung von Überbeinen verhindern, falls sich die Pferde mit den Hufeisen streichen. *Sprungglocken* hingegen benutze ich nur in Ausnahmefällen, wenn die Pferde dazu neigen, sich zu greifen.

Zäumung und *Sattel* verändere ich für die Arbeit mit Cavalettis nicht. *Ausbindezügel* sind regelmäßig abzunehmen, damit das Pferd seinen Hals über den Bodenricks vorwärts-abwärts dehnen kann. Über Ausnahmen während der Arbeit ohne Reiter wird noch im einzelnen zu berichten sein.

F

Cavaletti-Arbeit ohne Reiter

Cavaletti-Arbeit ohne Reiter

Und nun kann die eigentliche Arbeit beginnen. Das Ergebnis des ersten Kapitels hat gezeigt, daß es notwendig ist, die Ausbildung des Reiters und die des Pferdes getrennt zu behandeln. Bei der einen wird das Schwergewicht auf die Festigung des Reitersitzes und die Vervollkommnung reiterlicher Eigenschaften gelegt. Bei der anderen richtet sich das Augenmerk in der Hauptsache auf das Pferd. In beiden Fällen lernt aber stets auch der andere Partner hinzu, so daß letzten Endes immer Reiter und Pferd zugleich geschult werden.

Für das Pferd ist es eine *Erleichterung*, wenn es ohne Reiter über Cavalettis treten darf. Es fühlt sich viel freier und ungezwungener, wenn kein Reitergewicht den Bewegungablauf stört, keine Reiterhand rückwärts wirken und kein Sporn im falschen Augenblick einwirken kann. Warum sollte man ihm also nicht entgegenkommen und es zunächst ohne Reiter über Bodenricks trainieren?

Wer sich mit der Grundausbildung Zeit läßt und gerade den einfachen Übungen immer wieder größte Sorgfalt widmet, kommt später am schnellsten weiter.

Diese Erkenntnis wird oft von jungen Reitern nicht für bare Münze genommen. Wer Ehrgeiz hat, will häufig rasch zu Erfolgen kommen und nicht erst lange bei der Grundausbildung verweilen. Vielleicht überzeugt ihn aber wenigstens die Tatsache, daß man vom Boden aus *Beobachtungen* machen kann, die für das Reiten selbst von größtem Nutzen sind. Im Sattel besteht nämlich nicht die Möglichkeit, den Gesichtsausdruck des Pferdes zu verfolgen, die Schweifhaltung zu betrachten sowie das Muskelspiel und die Bewegungen des Pferdes in den drei Grundgangarten zu sehen.

Frei laufend

Wer die Gelegenheit hat, sein Pferd ohne Longe frei in der Reitbahn über Bodenricks gehen zu lassen, sollte sie unbedingt wahrnehmen. Er wird feststellen, wieviel Freude diese Arbeit bereitet und wie gerne die Pferde sie ausführen, sobald sie einmal begriffen haben, worum es geht.

Auch wenn es nicht jedesmal wieder erwähnt wird, gilt als Grundvoraussetzung für jede Cavaletti-Arbeit mit dem Pferd, daß es vorher 10 Minuten im Schritt geführt oder 10 Minuten im Schritt geritten wird, damit die Gelenkflüssigkeit ausreichend verteilt ist und somit die Gelenkknorpel vor Verschleiß schützen kann.

1. Phase: Freies Ablaufen zum Lösen

Zur Vorbereitung stelle man zunächst vier Kegel auf und lasse das Pferd mit Sattel und Trense, jedoch ohne Ausbindezügel, eine Weile frei und ungehindert laufen. Diese Einleitung ist notwendig, damit das Pferd zunächst seinem Stallübermut Luft machen und alle Steifheit und Verkrampfung abschütteln kann. Unkontrolliertes Herumtoben, besonders aber das Abstoppen in den Ecken, ist schädlich und am besten dadurch zu vermeiden, daß zwei Helfer in der Bahn dafür sorgen, daß das Pferd flüssig außen herum läuft. Kernige Pferde läßt man besser erst an der Longe abtraben und dann erst frei.

Meistens hat sich das Pferd nach 5–10 Minuten ausgelaufen und so weit gelöst, daß man es mit der Stimme beruhigen und wieder einfangen kann.

2. Phase: Beizäumen mit Ausbindezügeln

Nun folgt die zweite Phase, bei der das Pferd seitlich ausgebunden wird. Die Ausbindezügel sollen das Pferd veranlassen, den Hals vorwärts-abwärts zu dehnen und dadurch den Rücken aufzuwölben. Sie dürfen deshalb nicht zu kurz, aber auch nicht so lang sein, daß keine Anlehnung erreicht wird. Das richtige Maß ergibt sich aus der Abbildung.

Selbstverständlich müssen beide Ausbindezügel gleichlang verschnallt sein, weil das Pferd sich – im Gegensatz zur Longenarbeit – geradeaus bewegen soll. Bei tief angesetztem Hals, an dem sich bereits Unterhalsmuskulatur gebildet hat, kann es angebracht sein, einen Dreieckszügel zu verwenden und im unteren Dreieck zu verschnallen, damit sich das Pferd vorwärts-abwärts dehnen kann.

Ausgebunden läßt man das Pferd nun erneut frei laufen, und zwar nach Möglichkeit im Trab und Galopp. Nach kurzer Zeit wird man beobachten, wie das Pferd von sich aus die Anlehnung an die Bande sucht und dank der Unterstützung des in der Bahn befindlichen Reiters, des Helfers und der vier Kegel ohne weiteres auf dem Hufschlag bleibt. Manche Pferde bewegen sich schon nach 5 Minuten willig an der Wand entlang. Andere benötigen etwas mehr Zeit und machen es erforderlich, eine zweite Person so aufzustellen, wie es die Abbildung auf Seite 26 zeigt. Je mehr Ruhe von *Reiter und Hilfsperson* ausgeht, desto rascher verliert das Pferd seine Aufregung.

Bei dieser Gelegenheit kann man *Charakter* und *Intelligenz* des Pferdes studieren und sehen, ob es willig ist und schnell begreift oder ob es sich hartnäckig widersetzt. Man prüfe sich aber auch gleichzeitig selbst und bedenke, daß im Reitsport Zeit und *Geduld* die Grundvoraussetzungen des Erfolges sind.

Das richtig ausgebundene Pferd

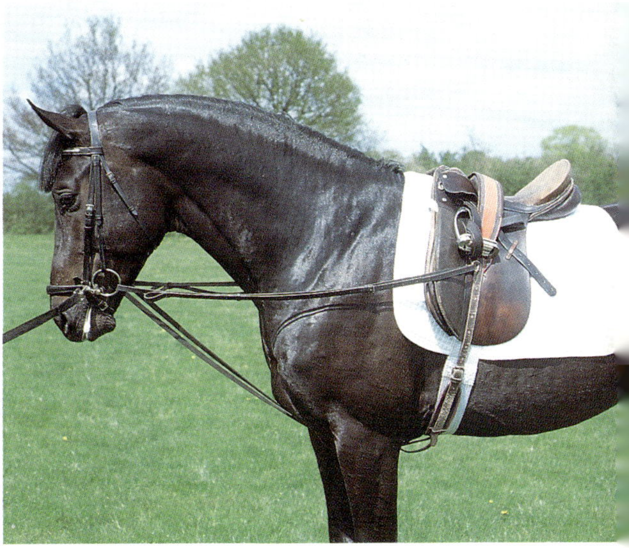

Ausbinden mit dem Dreieckszügel

Ich habe die Erfahrung gemacht, daß jedes Pferd nach Ablauf einer gewissen Zeit die Anlehnung an die Bande sucht. Sobald dies erreicht ist, wird die zweite Phase der Vorbereitung beendet, und der Aufbau des Bodenricks kann beginnen.

3. Phase: Traben über Cavalettis

Für junge Pferde ist es ratsam, erst ein Cavaletti aufzustellen und die Anforderungen nach und nach bis auf vier Cavalettis zu steigern. Bei zwei Cavalettis glauben die Pferde häufig, einen Weitsprung vor sich zu haben, und versuchen daher, mit einem Satz über beide Ricks zu springen. Hier empfiehlt sich die Aufstellung der Bodenricks in doppeltem Abstand.

Drei und vier Cavalettis erziehen am besten zur Trabarbeit, so daß dieser Aufbau möglichst bald erreicht werden sollte. Erfahrene Pferde können gleich über vier Cavalettis geschult werden. Als Höhe wähle man die niedrigste Abmessung von 15–20 cm. Mehr als vier Cavalettis empfehle ich nicht, weil ich festgestellt habe, daß die Pferde sonst unruhig werden und sich überfordert fühlen.

Der größte Nutzen für die Ausbildung wird in der *Gangart Trab* erzielt. Im Schritt blockieren die Ausbindezügel meistens den Vortritt aus der Hinterhand. Außerdem ist es schwerer, die Pferde im fleißigen Schrittempo auf dem Hufschlag zu halten. Und ohne Ausbindezügel ist die Arbeit wertlos, weil dann die Rückentätigkeit nicht sicher genug beeinflußt werden kann.

Der *Abstand* zwischen den einzelnen Bodenricks beträgt im Trab 1,30–1,50 m. Das richtige Maß für den Anfang wird in der Regel bei 1,30 m liegen. Doch ist es Aufgabe des Reiters, nach und nach für sein Pferd den passenden Abstand zu finden. Die Höhe der Bodenricks sollte unverändert auf 15–20 cm bleiben, damit die Belastung für die Muskulatur nicht zu groß werden kann.

Nachdem dieser Aufbau beendet ist, lasse man das Pferd zuerst auf derjenigen Hand traben, auf der es sich am liebsten bewegt. Im allgemeinen ist das die linke Hand.

Es wäre zuviel erwartet, wenn man glaubt, die Pferde trabten gleich beim ersten Male willig über die Bodenricks. Gewöhnlich galoppieren sie vorher aus Unruhe an und versuchen, die Cavalettis möglichst rasch im Galopp zu überwinden. Das sieht zum Teil recht gefährlich aus, ist es aber in Wirklichkeit nicht. Man muß die Pferde nur völlig in Ruhe lassen und abwarten, bis sie von selbst wieder die Gangart Trab einnehmen. Ein paar ruhige, vertraute Worte sind das einzige, was man in diesem Stadium an Hilfestellung geben kann. Ein seitliches Ausbrechen wird durch die Kegel und Fänge verhindert.

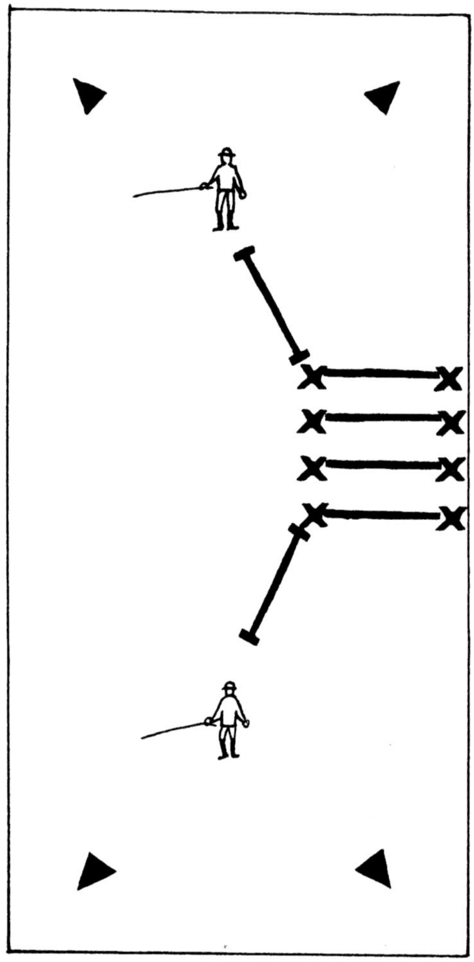

Cavaletti-Aufbau für freilaufende Pferde in der Reitbahn

Falls ein Pferd kehrtmacht oder vor den Bodenricks stehenbleibt, wird es am besten im Trab angeführt und erst kurz vor den Bodenricks losgelassen. Man kann es auch anfangs über die Cavalettis führen.

Bei Pferden, die Cavalettis schon kennen, schließt sich nun die *eigentliche Trabarbeit* an. Der Reiter muß versuchen, Einfluß auf das Trabtempo zu gewinnen. Erfahrungsgemäß werden Pferde faul, sobald sie sich beruhigt haben. Es gilt also, durch Schnalzen, kurze, aufmunternde Worte oder durch Hochheben einer Peitsche den Trab genügend fleißig zu gestalten. Außerdem soll verhindert werden, daß die Pferde vor den Cavalettis kleine Zwischenschritte einlegen, also praktisch unterlaufen, anstatt mit raumgreifenden Bewegungen früh abzufußen.

Empfindliche Pferde brauchen nur wenig treibende Hilfen; manche dagegen lassen sich kräftig auffordern. Insofern ist jedes Pferd verschieden. Der ruhige, gefühlvolle Reiter wird es nicht schwer haben, den notwendigen Kontakt zu seinem Pferd herzustellen. Wer dieses Gefühl noch nicht hat, sollte es bei dieser Gelegenheit üben und wird dadurch manche Erfahrung für seine spätere Reiterei sammeln.

4. Phase: Vergrößerte Zwischenabstände

Bevor der *Abstand* zwischen den Bodenricks *vergrößert* werden darf, lasse man das Pferd auf der freien langen Seite einige Male bis zum Mitteltrab zulegen und an der kurzen Seite durch Nachlassen der treibenden Peitschenhilfe wieder zum Arbeitstempo verkürzen. Erst dann sollten die Bodenricks jeweils um einige Zentimeter auseinandergezogen werden. Hierbei ist es wichtig, so geschickt vorzugehen, daß die Aktion des Pferdes nicht unterbrochen wird. Dadurch wird eine fließende Steigerung bis zum raumgreifenden Mitteltrab erreicht.

Wie weit die Cavalettis nach und nach auseinandergezogen werden können, läßt sich immer nur von Fall zu Fall entscheiden. Das Höchstmaß dürfte bei 1,50 m liegen. Die Grenze ist überschritten, wenn das Pferd gezwungen ist, Zwischentritte zu machen.

Übungsdauer

Die zeitliche *Dauer* der Übung ist vom Trainingszustand des Pferdes abhängig. Durch vermehrte Streckung wird – wie wir aus dem ersten Kapitel wissen – eine erhöhte Beanspruchung der Muskeln und Gelenke gefordert. Nach meinen Erfahrungen sind 10 Minuten für ein normales Reitpferd schon viel. Um das richtige Maß zu finden, muß der Reiter das Pferd während der Arbeit *laufend beobachten.* Hierbei richtet sich sein Augenmerk besonders auf

- die Frische der Bewegungen
- den Gesichtsausdruck
- das Ohrenspiel
- die Schweifhaltung und
- die Atembewegung der Nüstern.

Schweißausbruch ist nicht unbedingt ein Zeichen von Ermattung, deutet aber mit Sicherheit darauf hin, wenn er zu plötzlich oder zu heftig auftritt.

Wer sich ernsthaft bemüht, wird bald die nötige Urteilsfähigkeit erlangen. Er wird immer neue Züge an seinem Pferd entdecken und schon nach kurzer Zeit wissen, wann es müde wird und wann es sich lediglich aus Bequemlichkeit schont. Im Zweifelsfall ist anzunehmen, daß Müdigkeit vorliegt, vor allem wenn die Tritte an Ausdruck verlieren.

Jede gute Übung sollte mit lobenden Worten bedacht werden. Folgen mehrere gute Übungen hintereinander, legt man zur Belohnung eine kurze *Schrittpause* ein und fährt nach *Handwechsel* anschließend auf der anderen Seite fort. In den Schrittpausen braucht der Aufbau nicht verändert zu werden, denn die Pferde umgehen die Bodenricks erfahrungsgemäß von selbst.

Nach 10–20 Minuten der Vorbereitung (Aufwärmen oder Freilaufen, Ablaufen mit Ausbindezügel), weiteren 10 Minuten über Cavalettis und schließlich 5–10 Minuten im Zulegen ist die Ausbildungsstunde zu Ende. Die Ausbindezügel werden abgenommen. Das Pferd erhält noch Gelegenheit, ein wenig Schritt zu gehen, bis es trocken ist und die Flanken und Nüstern sich wieder in Ruhe bewegen. Erst dann wird das Pferd in den Stall zurückgebracht.

Abschließend bleibt noch die Frage zu beantworten, *wie oft* diese Arbeit ausgeführt werden sollte. Wer Zeit und Gelegenheit hat, sich täglich mit seinem Pferd zu beschäftigen, möge es alle 8 bis 14 Tage einmal frei über Bodenricks traben lassen. Hinzu kommt ein mehrmaliges Reiten über Cavalettis, worüber die Ausbildungspläne im Anhang nähere Auskunft geben.

Wer nicht regelmäßig arbeiten kann, wird gut daran tun, sein Pferd wenigstens ab und zu über Bodenricks gehen zu lassen. Jede einzelne Stunde, die systematisch aufgebaut wird, ist für die Ausbildung ein Gewinn. Die Verwendung von Bodenricks kann daher selbst dann empfohlen werden, wenn keine regelmäßige Fortführung gewährleistet ist. Natürlich kann sie den Wert einer planmäßigen Schulung nicht erreichen.

Pferde, die für besondere Aufgaben vorbereitet werden, bedürfen auch einer entsprechenden *Sonderausbildung*. Vielseitigkeitspferde, von denen im Gelände große Ausdauer verlangt wird, können beispielsweise während des Winters unter anderem durch häufiges Traben über Cavalettis unterstützend in Kondition gehalten werden. Ich selbst habe diese Gelegenheit während meiner aktiven Zeit als Vielseitigkeitsreiter immer gern wahrgenommen und dadurch viele Erfolge erzielen können. Mein Plan bestand aus drei- bis viermaligem Einsatz wöchentlich, wobei ich die Dauer der Ausbildungsstunde manchmal auf 50–70 Minuten erhöht habe.

An der Longe

Der Vorzug der Longenarbeit über Bodenricks besteht in der Möglichkeit, einseitige Steifheiten des Pferdes im Hals und Rumpf zu beseitigen. Durch die Einstellung des Pferdekörpers auf die Kreislinie wird die innere Seite rund oder – wie man auch sagt – hohl gemacht, wodurch die äußeren Hals- und Rumpfmuskeln gedehnt werden. Der innere Hinterfuß wird zum vermehrten Tragen und Untertreten veranlaßt. Die Länge der Tritte kann durch Vergrößern oder Verkleinern des Zirkels ohne Umbau der Cavalettis beliebig verändert werden. Dieser Vorteil ist besonders hoch einzuschätzen, weil man dadurch nach jeder Streckung die Tritte bei der nächsten Runde sofort wieder auf die normale Länge des Arbeitstempos zurückführen kann.

Allerdings ist das Longieren über Bodenricks mit Schwierigkeiten verbunden. Bei mangelnder Wachsamkeit bleibt die etwa 7 m lange Longe leicht an den Ständern der Cavalettis hängen. Die Zirkellinie muß unbedingt eingehalten werden, weil der Abstand zwischen den Bodenricks größer oder enger wird, sobald das Pferd die vorgesehene Zirkellinie verläßt. Der Reiter muß also stets auf der Hut sein und sein Pferd korrekt longieren können. Er muß es sicher zwischen Longe und Peitsche an den Hilfen haben.

Unerfahrenen Reitern empfehle ich, sich einen Rat bei Longenführern oder Voltigierfachleuten zu holen. Anfänger sollen ihre Pferde lieber erst frei über Cavalettis laufen lassen oder sie darüber reiten und sich erst später der Longe bedienen. Nur wenn man lediglich ein Cavaletti benutzt oder sie einzeln auf dem Zirkel verteilt, mag die Verwendung der Longe einfacher sein. Durch den Einsatz von Bodenricks mit rechteckigen oder quadratischen Ständern kann einem Festhaken der Longe begegnet werden.

Aufbau der Cavalettis

Für das Longieren über ein Cavaletti ist der Aufbau einfach: Man legt ein Rick auf den Hufschlag des Zirkels. Wenn andere Pferde in der Bahn geritten werden, wählt man als Standort die offene Zirkelseite, um möglichst wenig zu stören. Wer sein Pferd lediglich über Cavalettis ablongieren will, um es nachher noch zu reiten, kann sich auch damit begnügen, 3–4 Ricks einzeln auf dem Zirkel zu verteilen. Man erreicht dann immerhin, daß die Pferde während einer Zirkelrunde mehrere Male aufmerksam gemacht werden.

Für die eigentliche Ausbildungsarbeit, deren Ziel es bekanntlich ist, den Bewegungsablauf zu kontrollieren, hat sich nach meinen Erfahrungen der unten skizzierte Aufbau am besten bewährt. Er braucht während der Ausbildungsstunde nicht verändert zu werden, setzt allerdings voraus, daß die Pferde bereits Cavalettis kennen und folglich sogleich die Überwindung mehrerer Bodenricks verlangt werden kann.

Der mittlere Kreis dient zum Longieren ohne Cavalettis. Der rechte Zirkel ist für die Trabarbeit und der linke für die Schrittarbeit vorgesehen. Die beiden Außenseiten werden sicherheitshalber mit Fängen oder Stangen eingefaßt. Wer keine acht Cavalettis besitzt, kommt auch mit sechs (auf jeder Seite drei) aus und kann zur Ergänzung vielleicht noch eine Stange zwischen die Cavalettis legen. Aber selbst drei Cavalettis auf jeder Seite genügen durchaus. Wichtig ist, daß die Bodenricks strahlenförmig aufgestellt werden, damit sie dem Bewegungsrhythmus auf der gebogenen Linie angepaßt sind.

Der Abstand für *Trab* beträgt in der Regel 1,30 m, so daß an den Außenseiten hinreichend Spielraum für eine Verlängerung oder Verkürzung der Trabtritte besteht. Die niedrigste Höhe von 15–20 cm genügt.

Im *Schritt* soll der Abstand in der Mitte 0,80 m sein. Die Gründe, die beim Freilaufen in der Reitbahn gegen Schrittarbeit sprechen, gelten an der Longe nicht. Durch die Verbindung mit der Longierleine, die Möglichkeit der Peitschenhilfe und die nahe Entfernung zum Reiter läßt

Cavaletti-Aufbau für Longenarbeit

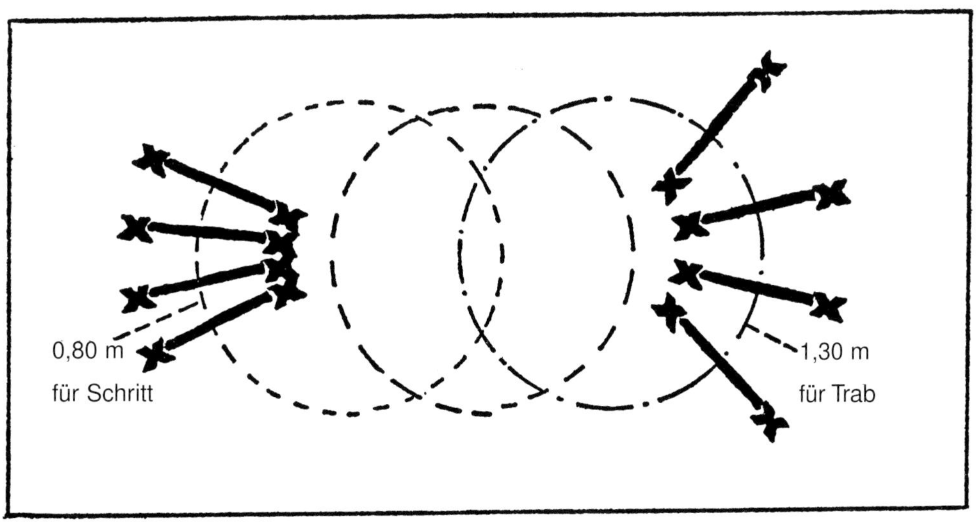

sich das Schrittempo hier ohne Schwierigkeiten fleißig halten.

1. Phase: Ablongieren ohne Cavalettis

Auch das Longieren über Cavalettis muß durch lösende Übungen vorbereitet werden. Zu diesem Zweck läßt man das Pferd zunächst mit leichtester Anlehnung ausgebunden oder, wer es sich bei erfahrenen Pferden leisten kann, sogar ohne Ausbindezügel im Trab oder Galopp etwa 5–10 Minuten auf dem mittleren Zirkel an der Longe ablaufen.

Ablongieren ohne Cavalettis. Die Longe dürfte etwas mehr anstehen.

Die meisten Pferde werden sich sofort frisch in Bewegung setzen und vielleicht sogar heftig losstürmen. Hier helfen ein paar beruhigende Worte, um die Pferde nach und nach zu normalem Tempo zurückzuführen. Dabei kann die Longe durch kurzes Annehmen und Nachgeben zu Hilfe genommen werden. Selten gibt es auch Pferde, die sich von Anfang an treiben lassen. Sie können schon nach einigen Runden wieder angehalten werden.

2. Phase: Anlegen der Ausbindezügel

Nach kurzem Handwechsel und Ablongieren auf der anderen Hand folgt das Anlegen der Ausbindezügel. Hierbei ist zu berücksichtigen, daß die Pferde auf der gebogenen Linie gehen sollen. Der innere Ausbindezügel muß daher kürzer verschnallt werden als der äußere. Das richtige Maß wird bei 5–10 Zentimetern liegen.

Der äußere Ausbindezügel dient dazu, die Innenstellung zu begrenzen und ein Ausweichen über die äußere Schulter zu verhindern. Der äußere Zügel muß infolgedessen stets mit anstehen. Die Ausbindezügel sind – wie bei der Arbeit auf geraden Linien – rechts und links am Sattelgurt unterhalb des Sattelblattes zu befestigen, damit das Pferd seinen Hals über den Bodenricks vorwärts-abwärts dehnen kann. Danach ist auch die Länge der Zügel auszurichten, die im Laufe der Stunde je nach Bedarf mehrfach berichtigt werden sollte. Hier wie auch im Freilaufen ist ein *Longiergurt* dem Sattel vorzuziehen, weil in seine Ringe die Ausbinder fest eingehakt werden können und somit nicht nach unten rutschen.

Für das *Einschnallen der Longe* gibt es mehrere Möglichkeiten: Ich halte es für sinnvoll, sie am inneren Trensenring zu befestigen, und zwar bei jungen Pferden

Einhaken der Longierleine
Oben links: in den inneren Trensenring
Unten links: in den Verbindungssteg (»Brille«) zwischen den beiden Trensenringen
Oben rechts: durch den inneren Trensenring ums Kinn in den äußeren Trensenring
Unten links: in den Verbindungsring am Hannoverschen Reithalfter und zugleich in den inneren Trensenring

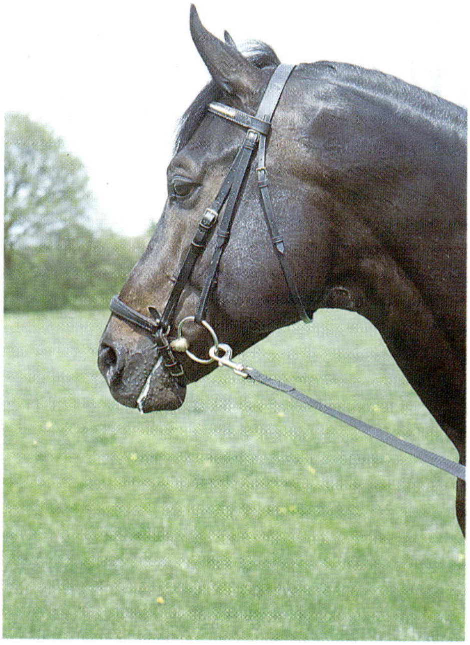

ebenso wie bei erfahrenen, älteren. Man erhält eine viel weichere Verbindung zwischen Longe und Pferdemaul, und das Gebiß kann beim ausgebundenen Pferd auch nicht seitlich aus dem Pferdemaul gezogen werden.

Ein Verbindungssteg zwischen den beiden Trensenringen, eine sogenannte Brille, in die die Longe eingehängt wird, ist dann zu empfehlen, wenn das Pferd *nicht* ausgebunden ist.

Die dritte Möglichkeit, die Longe durch den inneren Trensenring um das Kinn des Pferdes zum äußeren laufen zu lassen und sie dort zu befestigen, wirkt bereits ziemlich scharf und kann unter Umständen dazu führen, daß das Pferd mit Außenstellung auf dem Zirkel geht.

Am schärfsten wirkt die Verschnallung, bei der die Longe durch den inneren Ring über den Kopf des Pferdes im äußeren Trensenring befestigt wird. Sie ist deshalb nicht zu empfehlen.

Eine weitere Möglichkeit besteht darin, die Longe gleichzeitig in den inneren Trensenring und den Verbindungsring im Hannoverschen Reithalfter einzuschnallen. Die Wirkung ist ähnlich wie die, die bei einer Verschnallung seitlich am Kappzaum erzielt wird.

Im Anschluß an das Ausbinden folgen einige Übungen (beispielsweise Trab-Galopp-Übergänge) auf dem mittleren Zirkel. Das Pferd wird durch treibende Hilfen mit Longierpeitsche und Stimme dazu veranlaßt, den Hals im Trab und Galopp fallen zu lassen und eine vertrauensvolle Anlehnung an das Gebiß zu nehmen. Wenn das nach ca. 10–15 Minuten auf beiden Händen erreicht ist, kann mit der Ausbildung über Cavalettis begonnen werden.

3. Phase: Longieren über Cavalettis

Das *junge* Pferd muß zunächst mit dem Bodenrick vertraut gemacht werden. Daher setze man ihm beim ersten Mal lediglich ein Cavaletti vor und lasse es mehrmals in beliebiger Gangart darüber treten. Wenn die Aufregung nachläßt, füge man weitere Cavalettis an, bis der oben beschriebene Aufbau erreicht ist. Man beginne im Trab, weil die Pferde meistens das Tempo von sich aus beschleunigen, und ende mit Schrittarbeit.

Nach einer kurzen Pause, in der man Gelegenheit hat, das Pferd zu loben und die Ausbindezügel zum Handwechsel neu zu verschnallen, wird die Ausbildung auf der anderen Hand fortgesetzt, wobei nunmehr gleich die Überwindung mehrerer Cavalettis verlangt werden kann.

Bei Pferden, die Cavalettis schon kennen, kann man die Vorzüge des schon beschriebenen Aufbaus (siehe Abbildung Seite 29) von Anfang an ausnutzen. Nachdem man die Pferde zur Vorbereitung auf dem Mittelzirkel longiert hat, wird der Longierkreis nach außen verlegt. Darin liegt bereits eine *Schwierigkeit*. Es muß gleich von vornherein gelingen, das Pferd an die Mitte der Cavalettis heranzuführen, damit es den günstigsten Abstand vorfindet. Wenn das Pferd schon beim ersten Mal durch falsches Heranbringen aus dem Tritt gebracht wird, ist das Vertrauen gestört, und der Reiter wird Mühe haben, überhaupt noch ein ruhiges, losgelassenes Treten zu erzielen.

Wie aber wird der *Zirkel vergrößert?* – Indem man die Longe durchgleiten läßt und die Peitsche in Richtung auf die Schulter des Pferdes bewegt. Zur Unterstützung kann man einige Schritte in Richtung des Pferdes gehen, so daß man das Pferd dadurch nach außen treibt. Das Erweitern des Kreisbogens sollte einige Male auf dem Mittelzirkel geübt werden, bevor man das Pferd gegen die Cavalettis gehen läßt. Erst dann folgt die eigentliche Trabarbeit.

Hierbei ist zu berücksichtigen, daß der *innere Hinterfuß* einer starken Belastung unterworfen wird. Der Bewegungsablauf des Pferdes muß daher sorgfältig beobachtet werden. Ungleiches Abfußen nach

Longieren über Cavalettis mit richtig anstehender Longe und guter Peitschenführung

Überwinden des Bodenricks deutet auf Spannung, vielleicht sogar auf Muskelschmerzen hin und gibt Veranlassung, sofort auf den mittleren Zirkel zurückzukehren. Auch ohne Anzeichen der Anstrengung empfehle ich, nach fünf- bis achtmaligem Traben über die Cavalettis wieder den Mittelkreis einzunehmen, um nach einigen Runden erneut nach außen zu gehen. Der ständige *Wechsel* zwischen dem mittleren Zirkel und dem Überwinden der Bodenricks im Schritt und Trab ist es, der das Pferd geschmeidig macht und die Muskeln schult.

Jede Eintönigkeit nimmt dem Pferd außerdem die Freude an der Bewegung, von der die gesamte Reiterei letztlich abhängt.

Selbst wenn beabsichtigt ist, eine einseitig vorhandene Steifheit des Pferdes zu bekämpfen, darf der *Handwechsel* nicht vergessen werden. Ich habe die Erfahrung gemacht, daß sich Pferde nach einer kurzen Pause mit Handwechsel allgemein viel leichter entspannen, als wenn man ständig die schwierige Seite bearbeitet.

Die Außenbahn der Cavaletti-Zirkel, auf der die Abstände weiter sind, sollte erst benutzt werden, wenn der Reiter genügend Erfahrung und Geschicklichkeit gesammelt hat. Im Laufe der Zeit wird der *Kontakt zwischen Reiter und Pferd* bei richtiger Behandlung enger werden. Das Pferd braucht immer weniger Hilfen und läßt sich immer leichter lenken. Erst dann bereitet die Arbeit echte Freude und ist für die spätere Reiterei ein wertvoller Gewinn.

Übungsdauer

Eine Dauer von insgesamt 20 Minuten sollte für das Longieren über die Bodenricks nicht überschritten werden, so daß sich die Ausbildungsstunde wie folgt aufgliedert: 10 Minuten Schritt, 5–10 Minuten Ablaufen ohne Ausbindezügel, 10–15 Minuten ausgebunden ohne Cavalettis und 20 Minuten im Trab und Schritt über Bodenricks. Am Schluß geht das Pferd wieder ohne Ausbindezügel im Schritt, bis es trocken in den Stall zurückgebracht werden kann.

Mehr als eine Ausbildungsstunde alle acht bis vierzehn Tage empfehle ich nicht, weil das *Reiten* über Bodenricks ebenfalls eingeplant werden muß und die Beanspruchung für das Pferd sonst zu groß werden könnte.

Cavaletti-Arbeit mit Reiter und Pferd auf geraden Linien

Cavaletti-Arbeit mit Reiter und Pferd auf geraden Linien

Die Arbeit unter dem Reiter bildet trotz der Erleichterungen mit und ohne Longe den Schwerpunkt der Ausbildung über Bodenricks. Alles andere dient mehr der Vorbereitung auf die eigentliche Aufgabe, soll den Grundstein legen für die spätere Reiterei und dem Reiter wertvolle Hilfe für die Einwirkung im Sattel sein. Zu Pferde gilt es nun, sich die gesammelten Erfahrungen nutzbar zu machen. Reiter und Pferd sollen den vielen möglichen Ausbildungszielen nähergebracht und so weit gefestigt werden, daß sie selbst schwierige Übungen mühelos ausführen können.

Die Grundschule dafür ist das Reiten über Cavalettis auf geraden Linien.

Verschiedene Formen des Cavaletti-Aufbaus

Vor jeder Reitstunde mache man sich wenigstens kurz Gedanken über das, was

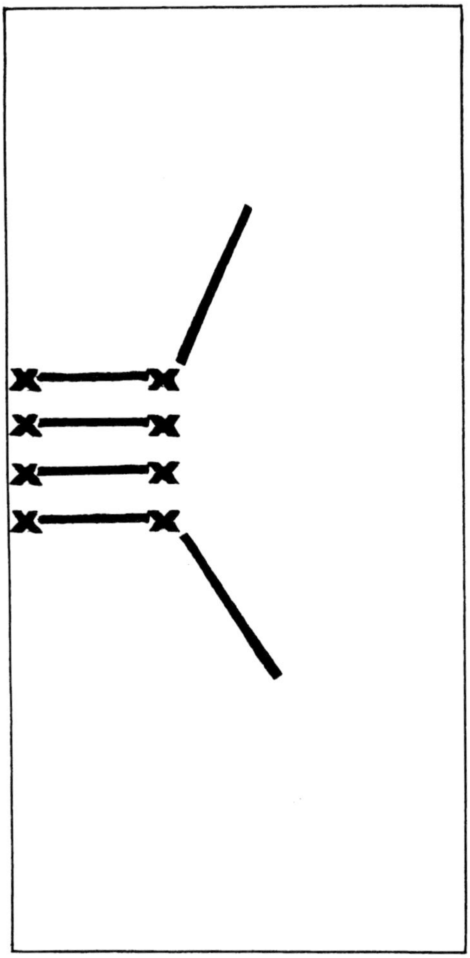

Cavaletti-Aufbau auf dem Hufschlag

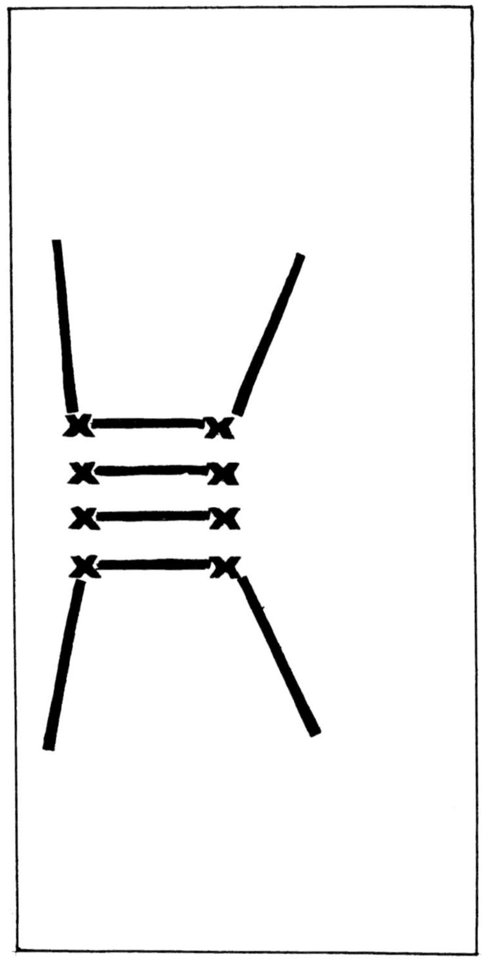

Cavaletti-Aufbau neben dem Hufschlag

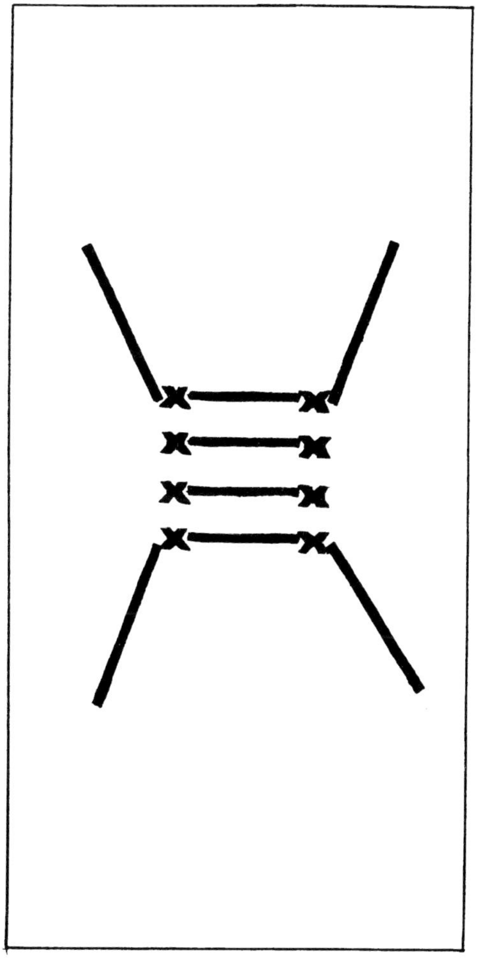

Cavaletti-Aufbau auf der Mittellinie

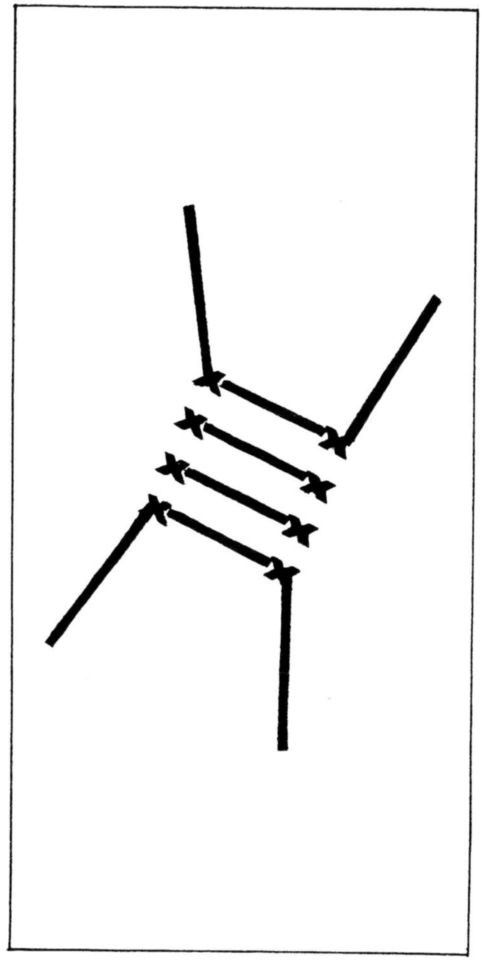

Cavaletti-Aufbau auf der Diagonalen

man im Laufe der Stunde erreichen möchte, und wähle den dazu passenden Cavaletti-Aufbau. Nach meinen Erfahrungen haben sich für die Arbeit auf geraden Linien fünf verschiedene Aufbauformen bewährt, die im folgenden kurz erörtert werden sollen.

Der einfachste Aufbau ist das Aufstellen mehrerer Cavalettis hintereinander unmittelbar an der Wand einer langen Seite oder – im Freien – unmittelbar an der Reitplatzeinfassung, senkrecht zum Hufschlag. Der Vorteil besteht darin, daß die Pferde dann auf dem gewohnten Hufschlag bleiben können und daher nicht so leicht versuchen werden, seitwärts auszuweichen. Infolgedessen braucht der Reiter auch weniger auf sein Pferd zu achten und kann sein Augenmerk vermehrt auf den eigenen Sitz richten. Reiter und Pferde mit weniger Erfahrung über Cavalettis sollten daher zunächst auf diese Art und Weise mit den Bodenricks vertraut gemacht werden.

Etwas schwieriger ist bereits die Überwindung von Cavalettis, die innen neben dem Hufschlag aufgestellt sind. Sie haben den Vorzug, daß man nicht in jeder Runde darüber zu reiten braucht, erfordern aber auch jedesmal ein Abwenden vom Huf-

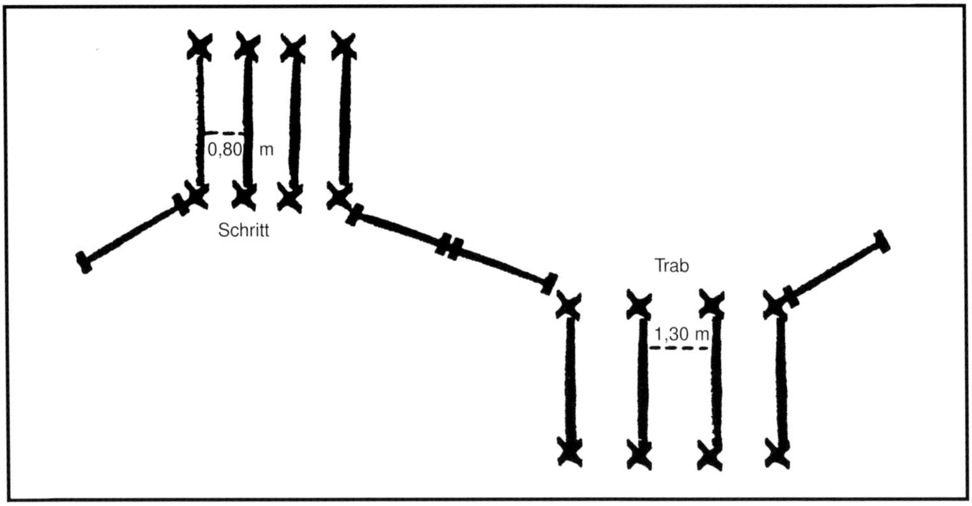

Cavaletti-Aufbau für Trab und Schritt zugleich

Neben dem Hufschlag

Neben der Mittellinie

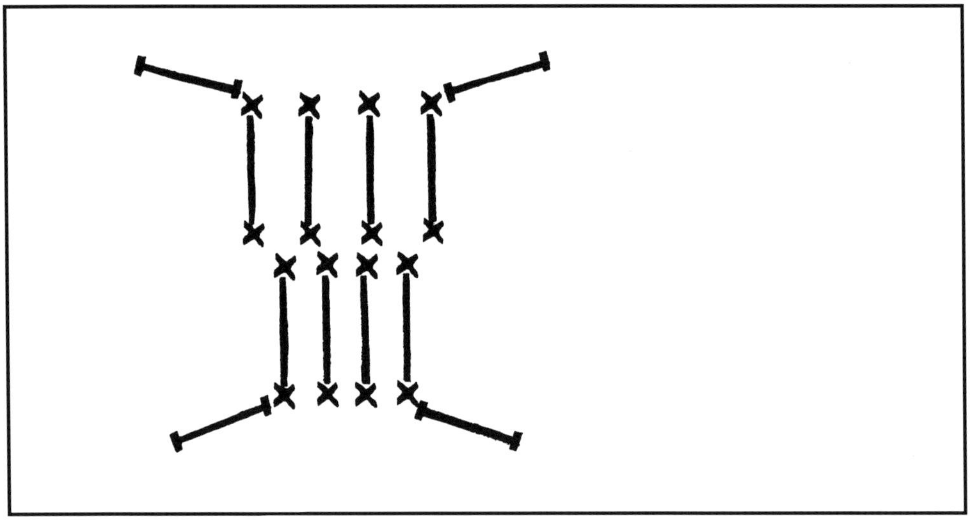

schlag. Zur Erleichterung können die Seiten mit Fängen eingefaßt werden. Ältere Pferde bedürfen dieser Vorsichtsmaßnahme nicht. Ebenso kann darauf verzichtet werden, wenn man junge Reiter auf älteren Pferden vor die Aufgabe stellen will, das Pferd vom Hufschlag abzuwenden und über die freistehenden Cavalettis zu reiten.

Nur eine geringfügige Abweichung bedeutet der Aufbau auf der Mittellinie, den ich für besonders geeignet halte, weil er die Möglichkeit bietet, jeweils mit Handwechsel durch die Länge der Bahn von beiden Händen über die Ricks zu reiten.

Vermehrte Aufmerksamkeit erfordert das Reiten über Cavalettis in der Diagonalen. Erfahrungsgemäß fällt es hier am schwersten, geradeaus zu reiten. Zudem ist es schon nicht einfach, die Bodenricks genau senkrecht zu der gedachten Diagonallinie aufzustellen. Wegen dieser erhöhten Anforderungen empfehle ich den Aufbau aber gerade als Geschicklichkeitsaufgabe für junge Reiter auf älteren Pferden.

Wer in der Hauptsache sein Pferd fördern will, wird sich Cavalettis für Trab und Schritt zugleich aufbauen, um möglichst die lästige Arbeit des Umbauens während der Reitstunde zu vermeiden. Dabei ist es Geschmackssache, ob man die Bodenricks auf die lange Seite neben dem Hufschlag oder neben der Mittelinie aufbaut. Letztlich ist es Sache des Ausbilders, im Laufe der Zeit für jeden Reitschüler und jedes Pferd die beste Form des Cavaletti-Aufbaus zu finden. Für den erfahrenen Reiter ist dieses Bemühen eine Selbstverständlichkeit.

Cavaletti-Arbeit im Schritt

Die *ersten Reitversuche* über Bodenricks sind dem Schritt vorbehalten, weil sich das Pferd in dieser Gangart am sichersten anreiten läßt.

Man beginne mit einem Cavaletti und gebe dem Pferd hierbei zunächst völlige Zügelfreiheit. Die treibenden Hilfen richten sich nach dem Vorwärtsdrang des Pferdes. Das erste Anreiten muß zügig genug erfolgen, notfalls mit Unterstützung der Stimme. Vom zweiten Mal an ziehen die Pferde meistens von selber an und brauchen kaum noch getrieben zu werden.

Der Oberkörper des Reiters soll ein wenig nach vorn geneigt sein, damit er bei einem möglichen Sprung des Pferdes nicht im Rücken stört. Bleibt das Pferd ruhig,

Schritt mit hingegebenen Zügeln: 5jähriger Trakehner Hengst Windfall von Habicht unter Ingrid Klimke – neugierig, vertrauensvoll, in voller Losgelassenheit

wird im Abstand von 0,80–1,00 m ein zweites Bodenrick aufgestellt, kurz darauf ein drittes, dann ein viertes, bis der vorgesehene Aufbau von höchstens sechs Cavalettis erreicht ist.

Ich habe es oft erlebt, daß die Pferde beim Anblick mehrerer Bodenricks hintereinander unruhig wurden. Sie beruhigten sich aber sofort wieder, wenn ich ein oder zwei Cavalettis wegnehmen ließ. Hier war die Steigerung zu plötzlich gekommen. Nach wenigen Minuten konnten die restlichen Bodenricks erneut aufgestellt werden.

Sind die Pferde an Bodenricks schon gewöhnt, kann ihnen der fertige Aufbau gleich von Anfang an vorgesetzt werden. Bei den ersten Malen bleiben die *Zügel nach Möglichkeit hingegeben.* Das Pferd soll sich frei und ungehindert ausbalancieren können. Schreitet es gleichmäßig über die einzelnen Ricks, ist der Zwischenabstand richtig; andernfalls muß der Abstand korrigiert werden.

Das gleichmäßige Schreiten über Bodenricks festigt die natürliche *Fußfolge des Schritts.* Bekanntlich soll das Pferd in dieser Gangart jeden Huf einzeln aufsetzen, und zwar in der Folge:

1. rechter Vorderfuß
2. linker Hinterfuß
3. linker Vorderfuß
4. rechter Hinterfuß.

Jede Abweichung ist fehlerhaft, insbesondere die paßartige Fußfolge, bei der die Viertaktbewegung so sehr übereilt wird, daß die Phasen eins und vier sowie zwei und drei fast zusammenfallen. Über Bodenricks hingegen habe ich noch kein Pferd paßartig gehen sehen. Hier findet jedes Pferd zu seinem natürlichen Bewegungsablauf zurück.

Durch richtige Einwirkung des Reiters können außerdem die einzelnen Gangmaße verbessert werden. Wir unterscheiden den Mittelschritt, den versammelten Schritt und den starken Schritt.

Der *Mittelschritt* muß mit nachgegebe-

Mittelschritt am Zügel. 6jähiger Zweibrücker Wallach Wody von Wasgau in guter Halseinstellung. Der Oberkörper des Reiters sollte mehr nach vorn in die Bewegung mitgehen.

Mittelschritt am Zügel. Reiter und Pferd im Gleichgewicht.

nem Genick und mit Anlehnung an das Gebiß geritten werden. Dadurch kann es vorkommen, daß die erwünschte Schrittlänge nachläßt. Das Pferd soll im Mittelschritt mit den Hinterhufen deutlich über die Spuren der Vorderhufe hinausgreifen. Über Bodenricks kann dieser Raumgriff gefördert werden, weil der Zwischenabstand die Schrittlänge vorschreibt. Zu diesem Zweck stellt der Reiter sein Pferd zunächst an den Zügel, indem er durch vorsichtiges Treiben mit Kreuz und Schenkel eine weiche Verbindung zwischen der ruhig stehenden Zügelfaust und dem Pferdemaul schafft. Sobald das Pferd den Hals fallen läßt und sich willig an den Zügel dehnt, wird es gegen die Cavalettis geritten. Hierbei werden die Hände möglichst tief genommen. Etwa eine Pferdelänge vor den Ricks geht die Reiterhand etwas in Richtung Pferdemaul vor, damit das Pferd sich auf keinen Fall eingeengt fühlt. Der Oberkörper des Reiters wird zur Entlastung leicht nach vorn geneigt. *Richtig* ausgeführt schreitet das Pferd dann mit tiefer Nase und losgelassener Rückenmuskulatur über die Stangen.

Freilich gelingt es nicht immer, eine weiche Anlehnung an das Gebiß herzustellen. Manche Pferde versteifen den Hals, halten sich im Rücken fest und wehren sich gegen den Zügel. In diesen und ähnlichen Fällen hat sich folgende *Korrektur* bewährt: Man lege vor den Cavalettis eine Volte oder eine Acht an und versuche, das Pferd in der Wendung durch geschickte Hilfengebung und Übertretenlassen zum Nachgeben zu bringen. Aus der Wendung reite man sodann gerade gegen die Cavalettis und lasse die Zügel kurz vorher oder über den Ricks aus der Hand kauen. Meistens streckt sich das Pferd dann erleichtert nach vorn, senkt den Kopf, um zu schauen, wohin es tritt, und entspannt dadurch die wichtigsten Rückenmuskeln. Jede gute Ausführung sollte durch leichtes Klopfen an den Hals gelobt werden. Anschließend wird die Übung

Fehlerhaftes Reiten im Schritt über Cavaletti

a) Schief werden

b) Zu weit nach vorn geneigt, Zügel weggeworfen

c) Zu weit zurückgeneigt, im Maul gestört, zu hohe Hand

einige Male wiederholt, bis der erstrebte Erfolg erreicht ist.

Die wichtigsten Punkte, die der *Reiter* zu beachten hat, sind zusammengefaßt:

1. Geradeausreiten
2. Vorwärtsreiten
3. Tiefe Halseinstellung mit leichter Zügelanlehnung und tiefen Händen
4. Eingehen mit dem Oberkörper in die Bewegung des Pferdes

Schiefes Hereintreten und mangelndes Geradeausreiten über den Cavalettis bringen die Pferde aus dem Takt, weil der Zwischenabstand auf der schrägen Linie zwangsläufig größer wird. Bummeliges Anreiten verführt zum Unterlaufen und erzieht die Pferde nicht zum zügigen Abfußen. Plötzliches Nachgeben der Zügel vor den Cavalettis erschreckt das Pferd und verhindert ein williges Durchstrecken. Das Gegenstück ist die hohe, starre Zügelfaust, verbunden mit starkem Einsitzen des Oberkörpers, wodurch der Rücken des Pferdes gestört wird. Ich empfehle, zum Treiben vor den Bodenricks den Oberkörper nicht zurückzunehmen, weil es dann meistens nicht mehr gelingt, über dem Rick rechtzeitig wieder zu entlasten. Als treibende Hilfen sind daher Stimme und Unterschenkel zu bevorzugen. Falls eine Gerte mitgeführt wird, ist sie an der Schulter des Pferdes einzusetzen, denn die Peitschenhilfe hinter dem Schenkel oder sogar an der Kruppe bringt den Sitz ebenfalls leicht nach rückwärts.

Der *starke Schritt* soll den Mittelschritt an Raumgriff noch übertreffen. Die Hinterhufe fußen weit über die Spuren der Vorderhufe hinaus. Der Reiter läßt dem Pferd volle Halsfreiheit, ohne jedoch die Verbindung mit dem Pferdemaul ganz aufzugeben. Ohne Cavalettis besteht die Gefahr, daß der Raumgriff des Pferdes beim Zulegen zum starken Schritt nicht größer, sondern die Schritte kürzer und eiliger werden. Durch richtigen Einsatz von Bodenricks wird dem begegnet, indem die Cavalettis nach und nach weiter auseinandergezogen werden. Ich empfehle hierzu, die Zügel spätestens über dem ersten Rick aus der Hand kauen zu lassen, um die Pferde dadurch zur größtmöglichen Streckung zu ermuntern.

Das Erweitern der Zwischenabstände erfolgt je nach Größe des Pferdes von ca. 0,80 m auf 1,00–1,10 m. Sobald das Pferd anfängt, Zwischenschritte einzulegen, dürfte die Grenze überschritten sein. Ausnahmsweise können diese Zwischenschritte allerdings auch auf Nachlässigkeit des Pferdes zurückzuführen sein; dann muß der Reiter beim nächsten Mal seine treibenden Hilfen verstärken. Wegen der Belastung für die Muskeln, Sehnen und Bänder sollte die Übung »Starker Schritt über Cavalettis« nicht mehr als zehn- bis fünfzehnmal ausgeführt werden.

Für den *versammelten Schritt* sind die Zwischenabstände wieder auf 0,80 m und weniger zu verkürzen. Der Raumgriff dieses Gangmaßes ist so gering, daß die Hinterhufe des Pferdes knapp hinter den Spuren der Vorderhufe auffußen sollen. Die einzelnen Schritte sind dafür höher und ausdrucksvoller. Der Hals des Pferdes ist aufgerichtet. Die Stirn- und Nasenlinie nähert sich der Senkrechten.

Der versammelte Schritt gehört zu den schwierigsten Übungen des Dressurreitens. Immer wieder sieht man hier eilige, kurze Schritte in paßartiger Fußfolge. Ihr Entstehen ist leicht zu erklären: Die Pferde werden zum Fleiß angespornt, sollen aber trotzdem weniger Raumgriff gewinnen. Um das zu erreichen, müssen die Zügel verkürzt werden. Versteht das Pferd den Reiter falsch, tritt es schneller anstatt höher und verliert die Fußfolge des Schritts. An diesem Problem ist schon mancher gute Dressurreiter gescheitert.

Ich helfe mir hierbei durch die Verwendung von Cavalettis. Über Bodenricks können die Schritte nicht eiliger werden,

weil die Pferde höher als gewöhnlich fußen müssen, um die Cavalettis zu überwinden. Die Fußfolge des Viertaktes liegt ebenfalls fest. Durch vermehrtes Herantreiben an das Gebiß und Verkürzung der Zügel obliegt es dem Reiter, die notwendige Aufrichtung des Halses über den Bodenricks herzustellen.

Es ist allerdings zu bedenken, daß der sichere Erfolg – wie bei allen Cavaletti-Übungen – stets nur während des Schreitens über die Ricks eintritt. Danach ist die Weiterwirkung nicht gewährleistet, so daß sich niemand falschen Hoffnungen hingeben sollte. Die Arbeit mit Cavalettis dient lediglich dazu, Reiter und Pferde auf den richtigen Weg zu bringen. Sie schafft zwar

Versammelter Schritt über Cavaletti

die psychischen und physiologischen Voraussetzungen für den Erfolg, überläßt es aber der Kunst des Reiters, diesen Erfolg dauerhaft zu erhalten.

Je nach dem Ausbildungsstand des Pferdes empfiehlt sich für die Übung »Versammelter Schritt« das Verstellen der Bodenricks auf die mittlere Höhe von ca. 35 cm. Nach fünf- bis zehnmaliger Wiederholung, wobei als gute Ergänzung

So bewegt sich das erfahrene Pferd, der 7jährige Holsteiner Wallach Concord von Chromatic xx unter Lovisa Reichel, im Schritt mit hingegebenen Zügeln über Cavalettis: selbstverständlich, ohne jeden Zwang, in vollem Vertrauen zu seiner Reiterin.

Mittelschritt am Zügel in korrekter Ausführung: 7jähriger westfälischer Wallach Pan Am von Paradox I unter Lovisa Reichel

Im Schritt mit Zwischentritt in guter Aufmerksamkeit des Pferdes; korrekter Sitz der Reiterin: Pan Am unter Lovisa Reichel

jeweils am Ende der langen Seite eine Kurzkehrtwendung im Schritt ausgeführt werden sollte, läßt man die Zügel aus der Hand kauen.

Zeitlich gesehen gehören die versammelten Lektionen in den letzten Teil der Reitstunde, während Mittel- und starker Schritt vorher geritten werden.

Als Vorbereitung zum *Springen* und *Geländereiten* hat sich als weitere Übung das Reiten über Bodenricks im Trab mit doppeltem Abstand (Übung *Zwischentritt*) bewährt. Zu diesem Zweck wird in der Mitte ein Cavaletti aus der Reihe herausgenommen, so daß die Pferde einmal einen Tritt ohne Cavaletti machen müssen. Dadurch wird die Aufmerksamkeit erhöht. Die Pferde lernen taxieren und werden zum sicheren Gehen auch auf unebenem Gelände angeleitet.

Um die Aufmerksamkeit gerade bei Cavaletti-erfahrenen Pferden zu erhöhen und um Eintönigkeit vorzubeugen, eignet sich die Übung mit Zwischentritt sowohl im Schritt wie auch im Trab (Trittsicherheit ist für alle Pferde wichtig). In Ausnahmefällen kann man das eine oder andere Cavaletti in der Höhe verstellen, um eine neue Situation zu schaffen, auf die sich das Pferd einstellen muß. So kann es nicht abschalten, da es immer wieder neu hinschauen muß.

Es ist selbstverständlich, daß jedes Pferd im Laufe der Arbeit *stolpern* und die Balance verlieren kann. Am Anfang ist häufiger damit zu rechnen, weil die Trittsicherheit erst erlernt werden muß und bekanntlich kein Meister vom Himmel fällt. Doch braucht deshalb niemand besorgt zu sein; denn die Sturzgefahr ist beim Springen mindestens ebenso groß und dazu noch gefährlicher. Verletzungen sind fast immer die Folge von unsachgemäßem Aufbau, zu langer Übungsdauer und mangelnder Unterstützung des Pferdes durch den Reiter. Gelegentliches Anstoßen mit den Hufen oder Fesselköp-

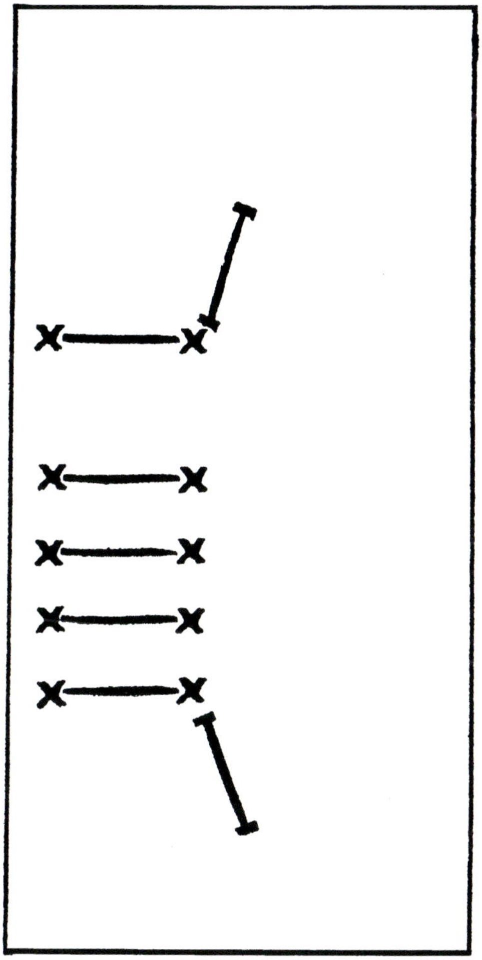

fen ist völlig unschädlich und braucht nicht weiter beachtet zu werden.

Wie *oft* die Arbeit mit Bodenricks im Schritt gepflegt werden soll, hängt wieder davon ab, ob der Reiter Zeit zum täglichen Reiten hat. Wenn ja, dürften ein- bis zweimal in der Woche während der Winterarbeit und einmal alle acht bis vierzehn Tage während der übrigen Zeit richtig sein; ansonsten sollte man sie wenigstens ab und zu in bestimmten Zeitabständen ausführen (siehe auch Ausbildungspläne im Anhang).

Cavaletti-Arbeit im Trab

Wer mit Schrittreiten über Bodenricks begonnen hat, ist so weit vorbereitet, daß er im Trab sofort über mehrere Cavalettis nach dem eingangs beschriebenen Aufbau

Links: Cavaletti-Aufbau für Schritt mit Zwischentritt.

Unten: mit Zwischentritt. Mittelschritt am Zügel mit guter Halsdehnung bei richtiger Unterstützung durch die Reiterin mit tiefen Händen und geschlossenem Sitz: 6jähriger westfälischer Wallach Abendsee von Aponti unter Ingrid Klimke

Leichttraben über Cavalettis im leichten Sitz, mit einer Hand in die Mähne gefaßt

Leichttraben im Entlastungssitz, Oberkörper nach vorn geneigt: Ingrid Klimke auf dem 7jährigen Holsteiner Wallach Concord von Chromatic xx

reiten kann. Wer mit Trab beginnt, muß die Anforderungen zunächst von einem Rick bis auf vier Cavalettis steigern. Der Zwischenabstand beträgt nunmehr 1,30–1,50 m. Die niedrigste Höhe von 15–20 cm wird beibehalten.

Während im Schritt die Ausbildung des Pferdes im Vordergrund stand, ist die Arbeit im Trab für *Reiter und Pferde*

Traben über Cavalettis mit verschränkten Armen

Cavaletti-Arbeit im Trab: Im Bügel stehen (Ingrid Klimke auf dem 5jährigen Trakehner Hengst Windfall von Habicht)

gleich gut geeignet. Man unterscheidet deshalb in der Praxis auch zwischen der Ausbildung des jungen Pferdes und derjenigen des jungen Reiters auf älteren Pferden. Diese Einteilung dürfte zweckmäßig sein, wenngleich dadurch nicht der Eindruck entstehen sollte, daß lediglich junge Reiter und junge Pferde über Cavalettis geschult werden sollten. Nach meiner Auf-

Leichttraben im korrekten Sitz mit richtiger Anlehnung: Andreas Busacker auf der 4jährigen Trakehner Stute La Dique von Kostolany

fassung ist die Arbeit mit Bodenricks, wie in dem Kapitel »Theoretische Grundlagen« dargelegt, für alle Reiter und alle Pferde wertvoll, gleichgültig ob es sich um Anfänger oder Fortgeschrittene handelt.

Eine der wertvollsten Übungen für den *Reiter* ist das Traben – und später Galoppieren – über Cavalettis zur Schulung des sogenannten *leichten Sitzes.* Dieser Sitz, auch Entlastungssitz genannt, gibt dem Pferd beim Springen und Reiten im Gelände die beste Unterstützung. Der Reiter neigt seinen Oberkörper ein wenig nach vorn und überträgt sein Gewicht durch Oberschenkel und Knie mehr auf die Seiten des Pferdes. Der Pferderücken wird entlastet. Die Hände des Reiters stehen tief und ruhig beiderseits des Widerristes. Das Knie ist fest angelegt und der Absatz tief, damit eine sichere Lage der Unterschenkel gewährleistet ist. Die Steigbügel werden etwa zwei bis vier Loch kürzer geschnallt.

Alle diese Merkmale sind bekannt und können in jeder guten Reitlehre nachgelesen werden. Die Frage, die nicht so oft beantwortet wird, ist die, wie der Entlastungssitz erlernt werden kann. Davon soll im folgenden die Rede sein.

Zunächst sind, wie schon erwähnt, die Steigbügel zwei bis vier Loch kürzer zu schnallen. Anschließend wird in drei verschiedenen Phasen über die Cavalettis getrabt.

Die *erste Übung* ist leicht. Sie verfolgt nur den Zweck, das Vertrauen des Reiters zu stärken und jede Befangenheit von ihm zu nehmen. Der Reiter trabt leicht, neigt sich kurz vor den Bodenricks etwas nach vorn und faßt mit den Händen in die Mähne. Beim nächsten Mal wird eine Hand in Richtung Pferdemaul vorgeschoben und schließlich beide Hände, bis der Reiter sich völlig sicher fühlt.

Die *zweite Übung* ist wesentlich schwieriger. Sie verfolgt den Zweck, den Knieschluß zu üben, und verlangt vom Reiter, daß er sich beim Überwinden der Bodenricks in die Bügel stellt. Die Hände

Leichttraben in schwungvoller Ausführung mit sicherer Zügelanlehnung

fassen zunächst wieder in die Mähne, bis der Reiter die Fähigkeit erlangt hat, sich mit fest anliegendem Knie und Unterschenkel unabhängig von der Bewegung des Pferdes im Gleichgewicht zu halten. Nach und nach werden die Hände wieder losgelassen und in Richtung Pferdemaul vorgeschoben. Eine leichte Berührung der inneren Hand mit dem Pferdehals bleibt bestehen.

Hat der Reiter gelernt, sich im Bügel stehend auszubalancieren und geschmeidig in die Bewegungen des Pferdes einzugehen, folgt als *dritte Übung* das Verschränken der Arme, damit die völlige Unabhängigkeit mit der Hand erlernt wird. Das Ziel ist erreicht, wenn der Reiter mit dem Oberkörper während des Leichttrabens über den Cavalettis nicht mehr hinter die Senkrechte zurückfällt und die Hände nicht mit dem Oberkörper auf- und abwärts gehen. Erst dann kann der Reiter von sich behaupten, daß er den leichten Sitz beherrscht und damit die Grundvoraussetzung für das Galoppieren und Springen erfüllt.

Eine weitere Übung dient dazu, dem Reiter das Gefühl für einen schwingenden Pferderücken zu vermitteln. Es ist das *Aussitzen* im Trab über Cavalettis. Diese Lektion ist allerdings nur für Reiter geeignet, die schon geschmeidig und unabhängig sitzen können. Wer so weit fortgeschritten ist und anfängt, die Bewegungen des Pferdes zu fühlen, kann dieses Gefühl durch Aussitzen über Cavalettis verfeinern und spüren lernen, wann der Rücken des Pferdes schwingt und folglich auch angenehmer sitzen läßt und wann er festgehalten wird und den Reiter wirft. Sobald der Reiter selbst nicht mehr mitschwingt, ist die Rückentätigkeit des Pferdes gestört, und der Reiter läuft Gefahr, das Pferd zu verderben. Deshalb ist beim Aussitzen über Cavalettis im Trab große Vorsicht geboten. Ich empfehle es nur auf erfahrenen Lehrpferden oder für gute Reiter, die ihren Pferden Passagen beibringen wollen, worauf noch näher eingegangen wird. Als

Aussitzen im versammelten Trab über Cavalettis. Abstände etwas verkürzt (ca. 1,20–1,30 m).

Arbeitstrab im Aussitzen: Andreas Busacker auf dem 6jährigen Zweibrücker Wallach Wody von Wasgau
Unten: Das Pferd kommt leicht hinter die Senkrechte.
Rechte Seite: leicht über dem Zügel

Tempo wähle man den verkürzten Trab, der am bequemsten auszusitzen ist.

Die *Trabausbildung des Pferdes* über Cavalettis sollte im Arbeitstempo beginnen. Der Trab ist eine Bewegung im Zweitakt, wobei sich die beiden diagonalen Beinpaare regelmäßig ablösen. Die einzelnen Gangmaße sind Arbeitstrab, versammelter Trab, Mitteltrab und starker Trab.

Im *Arbeitstrab* sollen die Hinterfüße

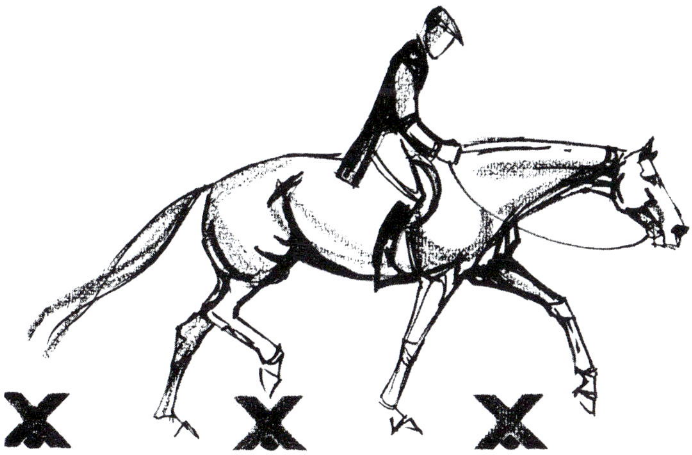

Zügel aus der Hand kauen lassen im Arbeitstrab über Bodenricks

möglichst in die Spur der Vorderhufe treten. Das Pferd soll sich taktmäßig, zwanglos und ausdrucksvoll bewegen. Voraussetzung dafür ist ein schwingender Pferderücken, der die von der Hinterhand ausgehende Bewegung fließend und ohne Stockung auf die Vorhand überträgt. Die Rückenmuskeln können durch das kräftige Abfußen der diagonalen Beinpaare über Cavalettis ausgebildet werden. Hierzu ist jedoch erforderlich, daß die Pferde im Leichttraben mit tiefer Halseinstellung geritten werden. Je tiefer das Pferd sich über den Bodenricks vorwärts-abwärts dehnt, desto mehr wölbt es den

Ein erfahrenes Pferd zeigt dem jungen Pferd den Weg: Ingrid Klimke auf dem 7jährigen Holsteiner Wallach Concord von Chromatic xx, gefolgt von Andreas Busacker auf der 4jährigen Trakehner Stute La Dique von Kostolany.

Rücken auf. Die beste Übung zur Stärkung der Rückenmuskeln ist das Zügel-aus-der-Hand-kauen-lassen über den Cavalettis.

Die richtige Ausführung ist allerdings oft schwieriger, als man glaubt. Schon das richtige, gleichmäßige Anreiten mit tiefer Halseinstellung ist ein Problem, das Kopfzerbrechen bereiten kann.

Pferde, die faul sind, lassen sich durch Treiben noch verhältnismäßig leicht heranbringen. Die meisten Pferde werden indes beim Anblick der Bodenricks schneller und würden am liebsten angaloppieren. Hier heißt es, durch halbe Paraden das Arbeitstempo beizubehalten und durch Annehmen und Nachgeben der Zügel zu verhindern, daß sich das Pferd vorher zu sehr heraushebt oder auf das Gebiß legt. Denn mit hoher Nase versteift sich das Pferd über den Bodenricks nur noch mehr, verliert die Balance und macht sich im Rücken fest. Gelingt die Beruhigung nach kurzer Zeit nicht, sind die Anforderungen wieder auf ein Cavaletti zurückzuführen. Ein leichtes Herausheben hingegen ist, namentlich bei empfindlichen Pferden, durchweg unschädlich.

Zu bemerken ist noch, daß trotz des ruhigen Tempos Wert darauf gelegt werden muß, daß die Pferde nicht unterlaufen, sondern zügig und rechtzeitig abfußen. Die *Zügel* sollten eher zu lang als zu kurz sein, damit sich das Pferd auf keinen Fall eingezwängt fühlt. Jedes Pressen in eine bestimmte Haltung schafft Unruhe und Widersetzlichkeit. Häufiges Loben durch Anklopfen an den Pferdehals macht die Pferde zufrieden und willig.

Es gibt eine Anzahl von Pferden, die ihren Kopf vor Hindernissen und Cavalettis nur deshalb aufrichten wollen, um genau zu sehen, was vor ihnen liegt. Im Sprung und über den Cavalettis nehmen sie die Nase von selbst wieder herunter und wölben den Rücken auf. Hier wäre es völlig verfehlt, wenn der Reiter sein Pferd zwingen wollte, den Kopf vor den Boden-

Fehlerhaftes Reiten im Trab über Bodenricks
Oben: Zu hohe Hand, Oberkörper nach hinten verrutscht, weggedrückter Pferderücken
Rechts: Gegen die Hand, Reiter trotz vorgeneigter Schulter hinter der Bewegung, verrutschter Unterschenkel
Unten: Im Tempo übereilt, verrutschter Unterschenkel, über dem Zügel

Cavaletti-Arbeit im Trab mit Zwischentritt in guter Anlehnung. Pferd und Reiter im Gleichgewicht (Lovisa Reichel auf Pan Am von Paradox I)

ricks nicht aufzurichten. Er würde lediglich Widerstand herausfordern und sehr bald das Vertrauen des Pferdes verloren haben.

Anders wiederum kann es bei Pferden mit Hals- und Ganaschenschwierigkeiten, mit empfindlichem Rücken oder Mißtrauen gegen das Gebiß sein. Diese Pferde lassen sich schon ohne Cavalettis nur mit viel Geschick an den Zügel stellen. Sie sollten zuerst auf dem Zirkel, in Volten und Schlangenlinien zum Nachgeben veranlaßt werden. Erst wenn es gelungen ist, ihnen den Weg in die Tiefe zu zeigen und das Tempo zu regulieren, können sie über Cavalettis getrabt werden. Oft beruhigt auch ein mehrmaliges Anreiten und Wiederabwenden, das Anlegen einer Volte vor den Bodenricks, Durchparieren und Abwenden oder Anhalten und Rückwärtsrichten vor dem ersten Rick, so daß es dann gelingt, das Pferd ruhig über die Cavalettis zu traben.

In diesen Situationen, die nur andeutungsweise aufgezählt werden können, weil jedes Pferd verschieden ist und auf Anforderungen dementsprechend verschieden reagiert, sollte der Reiter sich selbst beweisen, daß er *Geduld* und gute Nerven hat. Ist der Kontakt zum Pferd erst einmal hergestellt und hat man es ein- bis zweimal geschickt herangebracht, ist der Erfolg nur noch eine Frage der Zeit. Der Reiter wird bald erstaunt sein, wie dankbar sein Pferd ihn belohnt. Nach einigen Ausbildungsstunden wird sich das Pferd schon normal anreiten lassen und nur noch wenig Aufregung zeigen. Und die lösende Wirkung der Cavalettis wird jetzt die Schwierigkeiten um so schneller beseitigen helfen.

Tritt eine Erregung zu einem späteren Zeitpunkt auf, deutet dies regelmäßig darauf hin, daß etwas nicht in Ordnung ist. Vielleicht ist das Pferd überfordert und hat Schmerzen. Dann ist entweder die Arbeit mit einem einigermaßen zufriedenstellenden Tritt sofort abzubrechen, oder die Anforderungen sind deutlich herunterzuschrauben, um dann einen guten Abschluß zu finden.

Die Aufgaben, die der *Reiter beim Traben* über Cavalettis zu beachten hat, sind also grundsätzlich:

1. Geradeausreiten
2. Ruhiges, aber deshalb kein bummeliges Tempo
3. Tiefe Halseinstellung mit leichter Anlehnung am langen Zügel und tiefer Hand
4. Eingehen mit dem Oberkörper in die Bewegung des Pferdes, möglichst mit Leichttraben

Nach erfolgreichen Übungen im Arbeitstrab wird die Reitstunde entweder beendet oder mit der Ausbildung der übrigen Gangmaße des Trabs fortgesetzt:

Der *versammelte Trab* wurde schon anläßlich des Aussitzens erwähnt (S. 51). Sein Ausdruck wird durch ruhiges, erhabenes Treten bei weniger Raumgriff und schöner Aufrichtung des Halses gewonnen.

Der *Mitteltrab* ist gekennzeichnet durch schwungvolle, längere Tritte in erweitertem Rahmen. Das Pferd soll sich strecken und Boden gewinnen. Hierzu werden die Cavalettis allmählich von 1,30 auf 1,50 m auseinandergezogen. Der Reiter trabt leicht und behält eine weiche Verbindung zum Pferdemaul. Zwei bis drei Pferdelängen vor den Ricks beschleunigt er das Tempo zum »Tritte verlängern«.

Es ist wichtig, daß die Beschleunigung zu den Cavalettis hin stetig zunimmt, weil dadurch die größte Streckung erreicht werden kann. Ist das Tempo von Anfang

Leichttraben, schief eingetreten. Es besteht die Gefahr, daß das Pferd die Balance verliert.

Zulegen über Cavalettis zum »Tritte verlängern«

Tritte verlängern im Trab. Schwungvolle Mechanik mit ungenügender Rahmenerweiterung, da das Pferd mit der Nase hinter die Senkrechte kommt.

an zu frei, besteht die Gefahr der Übereilung. Das Pferd verkrampft sich, galoppiert an oder verliert seinen Rhythmus durch plötzliches Verkürzen und wieder Zulegen vor dem ersten Rick.

Die Übung »Tritte verlängern« über Cavalettis erfordert also eine genaue *Einteilung des Tempos*. Der Reiter erwirbt ein Gefühl für die Trittlänge seines Pferdes,

Passageartige Tritte über Cavalettis

spürt, wann es paßt, und schult auf die Dauer den Blick für die richtige Distanz. Insofern ist diese Lektion auch zugleich eine gute und sichere Hilfe für Spring- und Geländereiter.

Die größte Schwungentfaltung des *starken Trabs* ist das Ergebnis einer systematischen Ausbildung des Mitteltrabs über Cavalettis. Den starken Trab selbst reite ich ohne Bodenricks, um jedes unnötige Risiko einer Verletzung zu meiden und sicherzugehen, daß meinem Pferd die Freude an der Arbeit erhalten bleibt.

An dieser Stelle möchte ich eine Übung erwähnen, die ich mit einigen Pferden erfolgreich ausprobiert habe. Es ist die Zuhilfenahme von Bodenricks für die *Passage*. Freilich kann man einem Pferd über Cavalettis keine Passage beibringen, weil die Gefahr besteht, daß die Hinterbeine nach hinten herausschwingen, während sich die Passage durch ein hohes Maß an Hankenbiegung bei gesenkter Kruppe auszeichnen soll. Verstellt man die Bodenricks auf die Höhe von 35 cm, kann man aber – namentlich bei Pferden mit flachen Gängen – erreichen, daß sie im verkürzten Trab höher abfußen, also mehr »Aktion« entwickeln. Damit ist für die Passage eine wertvolle *Vorarbeit* geleistet.

Außerdem lohnt sich der Versuch, passageartig über Cavalettis zu traben, wenn es darum geht, ein ungleiches Abfußen der Hinterbeine zu *korrigieren*. Hierbei muß der Abstand zwischen den Ricks eng genug sein, damit nicht so sehr die Sprunggelenke durch weites Ausholen, sondern vermehrt die Hanken in Tätigkeit gesetzt werden.

Selbstverständlich ist diese Ausbildung nur für fortgeschrittene Pferde unter erfahrenen Reitern geeignet. Mir ist auch klar, daß mein Vorschlag umstritten bleiben wird, denn die wenigen Reiter, die in

Leichttraben in Dressurhaltung. Reiterin und Pferd in voller Harmonie

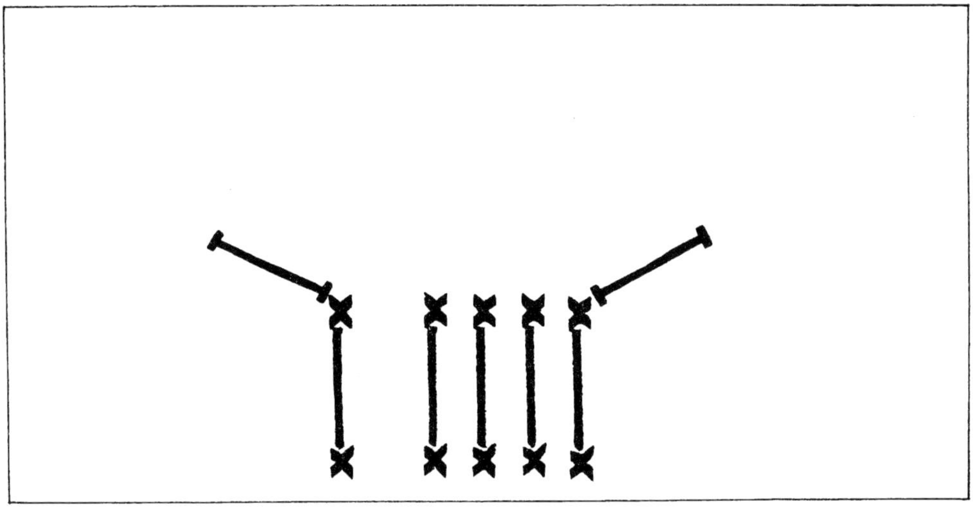

Cavaletti-Aufbau für Trab mit Zwischentritt

der Lage sind, ihren Pferden Passagen beizubringen, äußern vielfach schon Bedenken gegen die Verwendung von Cavalettis für Dressurpferde schlechthin. Als Vorbereitung und Korrektur für die Passage werden sie Bodenricks daher erst recht ablehnen.

Ich kann darauf nur erwidern, daß leider viele Dressurreiter zu sehr an das Einüben von Lektionen wie Traversalen, Galoppwechsel, Pirouetten usw. denken und dabei Gefahr laufen, das eigentliche *Ziel der Dressur* zu vergessen:

Das Pferd durch systematische Gymnastizierung schöner und kräftiger zu machen und nur die natürlichen Bewegungen zu fördern.

Wie häufig vermißt man beim Abreiten von Dressurpferden das Lösen mit tiefer Nase zur Entspannung des Rückens. Man wundert sich kaum noch, Pferde mit Strampelgängen zu sehen, die Mühe haben, einen niedrigen Gehorsamssprung zu überwinden. Hier würde es ohnehin nichts nützen, Cavalettis erst bei der Passage zu Hilfe zu nehmen, denn wenn die Pferde in der Grundlage nicht gelernt haben, sich zwanglos zu bewegen, werden sie später beim Anblick der Cavalettis höchstens unruhig und bleiben verkrampft.

Das gleiche gilt für die Reiter, die keine Grundausbildung über Cavalettis erhalten haben. Ich selbst hatte früher ebenfalls Bedenken, Cavalettis als Hilfsmittel für die Passage zu verwenden, aber lediglich deshalb, weil ich Sorge hatte, die Pferdebeine könnten darunter leiden. Diese Sorge hat sich jedoch als unbegründet herausgestellt. Ich habe nie eine derartige Verletzung beobachten können. Ich möchte allerdings einschränkend hinzufügen, daß besondere Vorsicht angebracht ist und immer wieder Pausen eingelegt werden müssen. Der Versuch lohnt sich auf jeden Fall, weil er schneller zum Ziel führt und sicherstellt, daß die Hinterbeine des Pferdes fleißig und gleichmäßig abfußen. Einzelheiten der Übung sind durch Geschick des Reiters von Fall zu Fall gesondert herauszufinden. Die Höchstzahl von vier hintereinanderstehenden Cavalettis sollte jedenfalls nicht überschritten werden.

Ähnlich wie im Schritt kann die Aufmerksamkeit des Pferdes durch den Aufbau von Cavalettis mit *Zwischentritt* gefördert werden. Man nimmt also wieder ein Bodenrick aus der Reihe heraus, so daß eine Leerstelle entsteht. Der Abstand entspricht mit 1,30 m dem gewöhnlichen Arbeitstempo.

Aufgabe des Reiters ist es, nunmehr durch genügendes Treiben ein gleichmäßiges Traben über die Ricks zu erzielen. Der Zwischentritt in der Mitte darf nicht kürzer werden, sonst verliert das Pferd seinen Rhythmus und kommt ins Stolpern. Ein zusätzliches Verstellen auf die zweite Aufbauhöhe von 35 cm empfehle ich nicht, weil die Pferde dann zu leicht mißtrauisch würden und vielleicht sogar den Eindruck gewinnen könnten, man habe ihnen eine Falle vorgesetzt, um sie zum Anstoßen zu verleiten.

Zeitlich gesehen folgt die Trabausbildung über Bodenricks im Anschluß an das Schrittreiten. Die Übungsdauer richtet sich nach dem Ausbildungsstand des Pferdes und dem beabsichtigten Zweck. 15–20 Minuten im Trab mit kurzen Zwischenpausen dürfen im Normalfall als Richtschnur angesehen werden. Für Kon-

Leichttraben über Cavalettis mit Zwischentritt. Gehorsames Pferd, voll an den Hilfen, mit großem Ausdruck und guter Rückentätigkeit

Cavaletti auf niedrigster Höhe hat im Galopp wenig Ausbildungswert.

ditionstraining erhöht man das Pensum nach und nach auf 30–35 Minuten. Weitere Einzelheiten siehe Ausbildungspläne im Anhang.

Cavaletti-Arbeit im Galopp

Das Reiten über Bodenricks im Galopp ist nichts anderes als Springen über niedrige Hindernisse, die in bestimmten Abständen hintereinander aufgestellt sind. Der *Galopp* ist die schnellste Gangart des Pferdes. Je nachdem, welches seitliche Beinpaar vorgreift, unterscheidet man den Rechtsgalopp und den Linksgalopp. Der Hufschlag des Pferdes erklingt im Dreitakt. Als vierte Phase schließt sich eine kurze Pause an, die sogenannte Schwebephase, in der das Pferd mit allen vier Beinen in der Luft schwebt. Der *Bewegungsablauf des Galopps* ist also folgender:

1. äußerer Hinterfuß
2. innerer Hinterfuß und äußerer Vorderfuß
3. innerer Vorderfuß
4. Schwebephase.

Im Renngalopp fällt die zweite Phase auseinander, so daß eine Viertaktbewegung zu hören ist. Ansonsten wird der Galopp in die Gangmaße versammelter, Arbeits-, Mittel- und starker Galopp unterteilt. Geht hierbei der Takt verloren, was häufig im falsch verkürzten Galopp zu beobachten ist, spricht man von *fehler-*

Cavaletti-Aufbau für Galopp: 3 Ricks, Abstand 3,50 m, Höhe 0,50 m

Rick hochgestellt; Galopp besser

haftem Viertaktgalopp, der folgende Fußfolge hat:

1. äußerer Hinterfuß
2. innerer Hinterfuß
3. äußerer Vorderfuß
4. innerer Vorderfuß.

Der richtig ausgeführte Galopp hingegen zeichnet sich durch schwungvolles Abfußen mit deutlicher Schwebephase aus. Dadurch wird der bekannte *Galoppsprung* erzielt, der die Bewegung erst lebhaft und schön werden läßt.

Der Ausbildungswert der Arbeit mit Cavalettis im Galopp ist für reine *Dressurpferde* zu gering, als daß sich die Mühe lohnen würde. Vom Ausgangspunkt her gesehen, daß nämlich der Sprung über ein Rick lediglich ein verlängerter und erhöhter Galoppsprung ist, könnte man meinen, das Reiten über Bodenricks im Galopp sei ein gutes Mittel zur Förderung des Galoppsprungs. Diese Vorstellung ist jedoch irrig. Im Dressurgalopp soll die Vorhand des Pferdes vorwärts-aufwärts und die Hinterhand bei gesenkter Kruppe fleißig unterspringen. Beim Springen über Bodenricks wird die Hinterhand aber ebenfalls hochgeschleudert. Die Galoppbewegung ist also anders, als sie der Dressurreiter im Auge hat. Für die Ausbildung des Galopps kann der Dressurreiter daher auf Bodenricks verzichten. Für diesen Zweig der Reiterei genügt die Arbeit mit Cavalettis im Trab und Schritt. Wer zur Abwechslung springen will, sollte sich einzelne Sprünge aussuchen.

Es sei zur Vervollständigung erwähnt, daß die Arbeit mit Bodenricks im *Galopp zeitlich gesehen* an den Schluß der Ausbildungsstunde gehört, sofern sie nicht nur als Vorbereitung für Gymnastikspringen erfolgt. Aber auch da darf mit der Arbeit erst begonnen werden, wenn das Pferd vorher in allen drei Gangarten gründlich gelöst worden ist.

Als Konditionstraining ist Galoppieren über Bodenricks deshalb nicht geeignet, weil der Kraftaufwand zu groß ist. Über die Einbeziehung der Arbeit in das gesamte Ausbildungsprogramm geben die Pläne im Anhang weitere Auskünfte.

H

Cavaletti-Arbeit auf gebogenen Linien

Cavaletti-Arbeit auf gebogenen Linien

Der Einsatz von Bodenricks auf gebogenen Linien ist für den jungen Reiter eine willkommene Abwechslung. Für das Pferd setzt diese Arbeit voraus, daß es vorher über Cavalettis auf geraden Linien gründlich ausgebildet worden ist.

Ein Pferd muß durch die Arbeit auf geraden und auf gebogenen Linien geradegerichtet werden. Geradegerichtet ist es, wenn die Hinterhufe sowohl auf geraden wie auch auf gebogenen Linien in derselben Spur laufen wie die Vorderhufe. Ist es nicht geradegerichtet, sieht man dies häufig daran, daß die Hinterbeine nicht vorwärts-aufwärts unter den Schwerpunkt abfußen, sondern seitlich daneben. Das Pferd soll in allen Wendungen zwar nach innen *gestellt,* aber stets in sich geradegerichtet sein.

Durch Cavaletti-Arbeit auf gebogenen Linien kann man einseitige Steifheiten lösen und das Pferd geschmeidiger auf beiden Händen stellen und biegen. Da nicht geradegerichtete Pferde oft in der Wendung den Takt verlieren, dienen Cavalettis auf gebogenen Zirkellinien dem taktmäßigen, elastischen Abfedern in Richtung unter den Schwerpunkt. Während des Tretens über Bodenricks hat das Pferd kaum Gelegenheit, mit den Hinterbeinen seitlich auszuweichen. Das Abfußen und die Trittlänge sind durch die Ricks so vorgegeben, daß die Pferde von selbst den natürlichen Rhythmus ihrer Bewegung beibehalten. Für ein Ausweichen aus der Spur der Vorderhufe besteht wenig Zeit.

Als *Aufbau* empfehle ich hauptsächlich zwei Formen:

Die *kreisbogenförmige Aufstellung* ist schon anläßlich der Longenarbeit besprochen worden. Um Wiederholungen zu ver-

Cavaletti-Arbeit im Trab auf dem Zirkel; aussitzen, linke Hand. Ausdrucksvoller Bewegungsablauf in sicherer Anlehnung

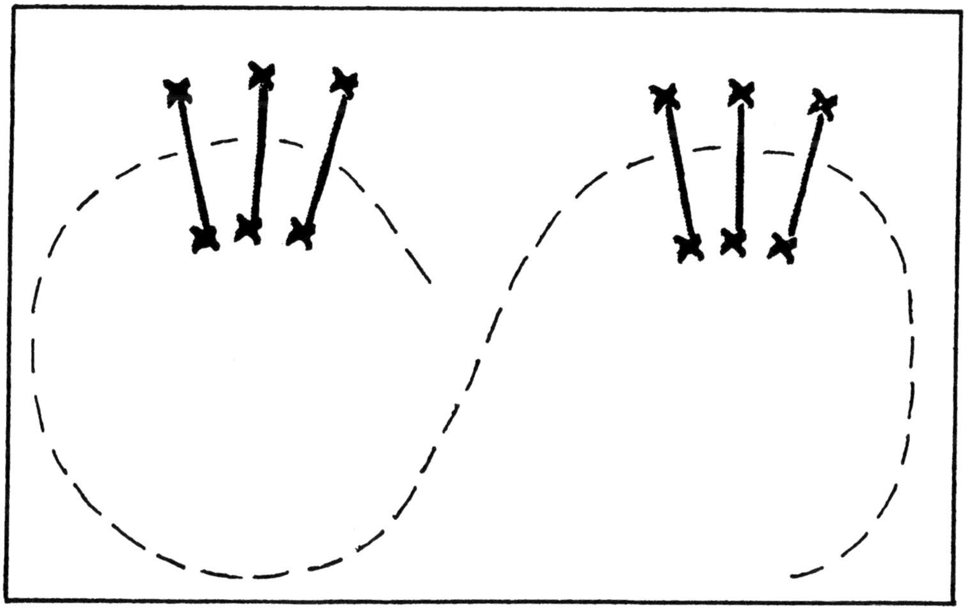

Aufbau für Cavaletti-Arbeit auf gebogenen Linien

meiden, wird auf diese Ausführungen verwiesen (vgl. S. 29 f.).

Daneben hat sich *Schlangenlinie* bewährt. Sie geht von der Idee aus, abwechselnd beide Seiten des Pferdes in den Wendungen geschmeidig zu machen. Deshalb werden auf jeden Zirkel drei Cavalettis strahlenförmig an den Hufschlag der langen Seite gestellt, und zwar entweder auf jeder langen Reitbahnseite drei oder auf einer Seite alle sechs Cavalettis. Wichtig ist, daß der Hufschlag frei

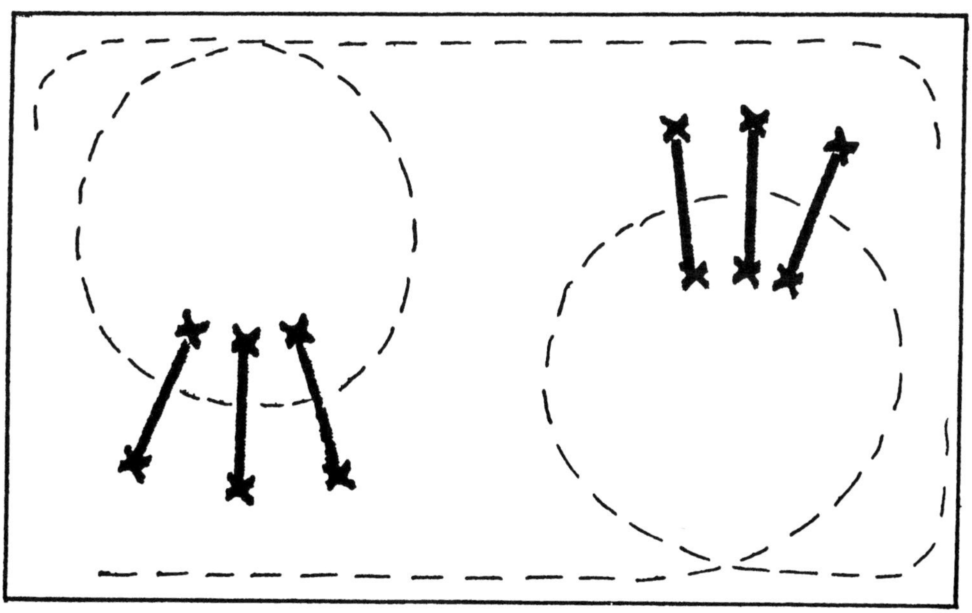

bleibt, damit man außen herum auf der ganzen Bahn reiten kann.

Die Übung wird im *Trab* durch fortwährendes Wechseln aus dem Zirkel geritten. Im Schritt ist der Ausbildungswert nicht so groß wie im Trab, doch kann es in schwierigen Fällen angebracht sein, die Übung zuerst in dieser Gangart zu reiten und sie später zum Trab zu steigern.

Da das Reiten über Cavalettis auf gebogenen Linien die höchsten Anforderungen stellt und besonders der innere Hinterfuß sehr stark belastet wird, kann jede falsche und zu lange Anwendung schadhaft sein. Man sollte daher vorab stets prüfen, ob der Ausbildungsstand des Pferdes ein Reiten über Ricks auf gebogenen Linien schon zuläßt. Ist diese Frage ehrlichen Herzens zu bejahen, schlage ich für die Übung selbst wieder die Einteilung in verschiedene Phasen vor.

Aufbau für Cavaletti-Arbeit auf dem Zirkel und auf der Geraden

1. Phase: Lösende Übungen

Die *erste Phase* dient der Vorbereitung. Sie besteht aus lösenden Übungen in allen drei Grundgangarten und einigen Trablektionen über Bodenricks auf geraden Linien.

Danach folgt eine kurze Pause, in der die Cavalettis für die Zirkel oder die Schlangenlinie umgebaut werden. Um diesen Umbau zu vermeiden, können die Ricks auch von vornherein so gestellt werden, daß drei auf der offenen Zirkelseite und drei auf der Geraden neben dem Hufschlag an der langen Seite stehen.

Auf die Dauer wird jeder Reiter sich ohnehin seinen eigenen Aufbau wählen, so daß hier nur Anregungen gegeben werden sollen.

2. Phase: Arbeit auf gebogenen Linien

Die *zweite Phase* ist der eigentlichen Arbeit auf gebogenen Linien vorbehalten. Sie darf nicht zu lange ausgedehnt werden und erfordert ein gutes Maß an reiterlichem Feingefühl.

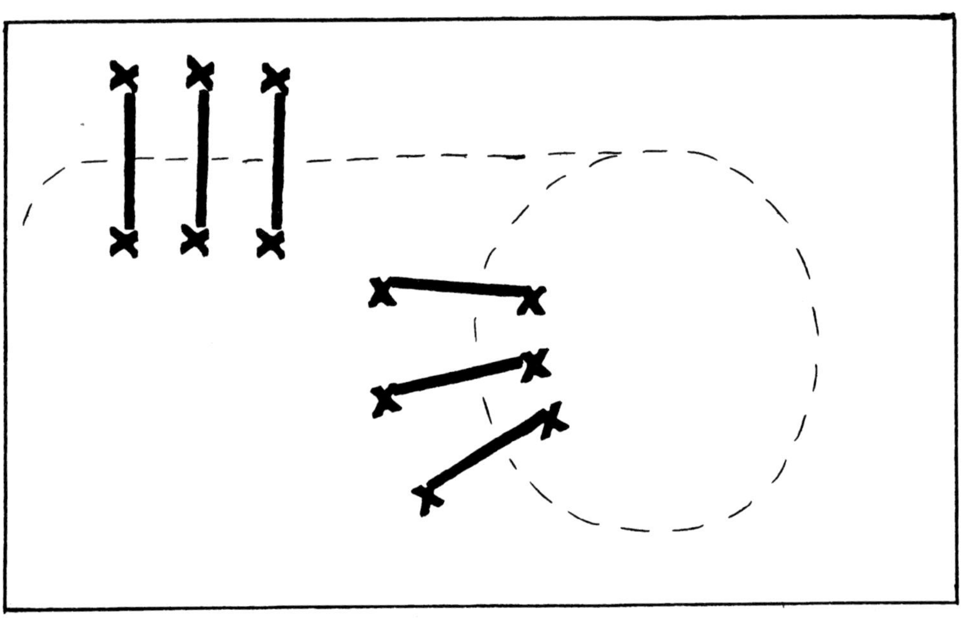

Leichttraben. Reiterin mit dem Oberkörper etwas hinter der Bewegung, die Hände nicht genügend in Richtung Pferdemaul, deshalb kann sich der Hals des Pferdes nicht entfalten. Die Nase kommt deutlich hinter die Senkrechte.

Der Reiter trabt leicht und stellt sein Pferd im Arbeitstempo auf die Zirkellinie ein. Kurz vor den Cavalettis schiebt er die Hände ein wenig vor und achtet darauf, genau die Mitte der Bodenricks anzureiten. Geht das Pferd auf die Hilfen des Reiters ein, wird in der nächsten Runde der Zirkel gewechselt, damit die gleiche Übung auf der anderen Hand geritten werden kann. Wer nur auf einem Zirkel Bodenricks aufgestellt hat, reitet die Figur »durch den Zirkel wechseln« und kommt dadurch auf die andere Hand.

Die steife Seite wird selbstverständlich öfter bearbeitet; doch hat die Erfahrung gelehrt, daß ein gelegentlicher Handwechsel ebenso der steifen Seite zugute kommt, sei es auch nur, um die Gedanken von der schwierigen Seite wegzulenken und das Pferd wieder willig und zufrieden zu machen.

Nach etwa 5–10 Minuten wird eine kurze Pause eingelegt, die zum Geradeausreiten bestimmt ist. Hier gilt es, durch Vorwärtsreiten an den langen Seiten die Frische der Bewegungen zu erneuern. Vorwärtsreiten ist immer am Platze, wenn es darum geht, Steifheiten oder Widersetzlichkeiten des Pferdes zu überwinden. Der Satz von GUSTAV STEINBRECHT,

»Reite dein Pferd vorwärts und richte es gerade«,

sollte jedem Reiter unauslöschlich im Gedächtnis sein.

Bei der erneuten Rückkehr auf den Zirkel wird zunächst wieder die Mitte der Cavalettis angeritten. Nach und nach sollte der Reiter sodann bestrebt sein, den *Kreisbogen zu vergrößern.* Da die Abstände außen breiter sind, muß sich das Pferd noch mehr durchstrecken. Der innere Hinterfuß wird zu einem Höchstmaß an kräftigem Abfußen angespornt

Leichttraben auf dem Zirkel linke Hand auf dem erfahrenen Pferd in guter Stellung und Biegung mit sorgfältigem, fast schon übertriebenem Abfußen bei voller Aufmerksamkeit

Falsch: Das Pferd drängt nach außen, der innere Zügel fällt durch.

und gleichzeitig zur vermehrten Gewichtsaufnahme veranlaßt.

Hier ist fast die Grenze zwischen dem muskelbildenden Training und dem durch Überlastung bedingten Verschleiß erreicht. Deshalb darf das Vergrößern des Zirkels lediglich einige Male auf jeder Hand geritten werden.

3. Phase: Der gute Abschluß

Die *dritte Phase* soll sicherstellen, daß die Arbeit langsam ausklingt. Das Pferd soll zufrieden und ruhig in den Stall zurückkehren, damit es am nächsten Tag um so freudiger mit der Arbeit beginnt. Aus diesem Grund empfiehlt es sich, am Ende der Reitstunde einige einfache Übungen zu reiten, von denen man weiß, daß das Pferd sie beherrscht.

Ein guter Abschluß ist für den nächsten Tag schon ein halber Sieg.

Daher lohnt es sich, im Anschluß an die Arbeit auf gebogenen Linien noch einige Male geradeaus über Bodenricks zu traben und dabei die Zügel zum Schluß aus der Hand kauen zu lassen.

Für die Schulung des *Reitersitzes* ist die Arbeit mit Cavalettis auf gebogenen

Linien eine sinnvolle Übung, das Reitergefühl zu verfeinern. Der Reiter kann den auf gerader Linie gefestigten Sitz in einer neuen Gleichgewichtssituation schulen. Sie schafft Freude und Abwechslung, vor allem bei jugendlichen Reitern. Für sie kann man sich gar nicht genug verschiedene Aufbaumöglichkeiten ausdenken. Jeder nur halbwegs vernünftige Vorschlag wird von ihnen erprobt, bis er beherrscht wird und die Jugendlichen sich wieder nach etwas Neuem sehnen.

Hier sei an die Verantwortung der Reitlehrer erinnert, den jungen Reitern nur solche Aufgaben zu stellen, die für die Ausbildung sinnvoll sind. Sinnvoll ist letztlich alles, was die *Freude am Reiten* vermehrt, den Sitz festigt und Reiter und Pferde nicht unnötig in Gefahr bringt.

Gute Längsbiegung des Pferdes. Der Reiter bleibt mit seinem Oberkörper hinter der Bewegung zurück.

Springgymnastik

Springgymnastik

Einführung

Im zweiten Teil des Buches wird nun aufbauend auf der Cavaletti-Arbeit die Springgymnastik als wesentlicher Bestandteil der Ausbildung sowohl des jungen Reiters als auch des jungen Pferdes behandelt. Darüber hinaus werden die Möglichkeiten der Springgymnastik zur gezielten Verbesserung von Schwächen von Reiter und Pferd aufgezeigt. Grundlage hierzu bilden die vielfältigen Erfahrungen, die ich bei der Ausbildung von Dressur-, Spring- und Vielseitigkeitspferden (und -reitern) gesammelt habe.

Neben der ständigen Begleitung durch meinen Vater hat mich die langjährige Trainingserfahrung mit Fritz Ligges geprägt, die ein eigenes Buch für sich verdient hätte. Während mehrerer Trainingsaufenthalte in Kanada und in Amerika hatte ich unter anderem die Gelegenheit, die Springausbildung von Ian Miller und die dortigen Ausbildungsmethoden kennenzulernen. Zur weiteren Fortbildung habe ich u. a. an Springlehrgängen von Anne Kursinski teilgenommen, die meine reiterliche Ausbildung stark beeinflußt haben.

Im ersten Teil geht es primär um die *Schulung des Reiters,* insbesondere darum, die wesentlichen Grundlagen für eine erfolgreiche Springausbildung des Reiters zu schaffen. Das Heranführen des *unerfahrenen Pferdes* an die ersten Sprünge bzw. im späteren Verlauf an die Springgymnastik wird im zweiten Teil erläutert. Darüber hinaus werden *Praxistips* für den gezielten Einsatz gymnastizierender Übungen über Hindernisse gegeben.

Dem Leser mag diese strikte Trennung zwischen Reiter und Pferd auffällig erscheinen – sie wurde von mir gewählt, um die einzelnen Aspekte der Ausbildung besser erläutern zu können. In der Praxis bilden Reiter und Pferd immer eine Einheit und lernen gemeinsam und miteinander.

Abschließend werden einige exemplarische Trainingspläne vorgestellt, die aber nur eine grobe Richtschnur geben können und noch einer individuellen Anpassung an Reiter und Pferd bedürfen.

Dem Leser soll die Springgymnastik als wertvoller Ausbildungsbestandteil nähergebracht werden. Hauptanliegen ist mir dabei, der frühen Spezialisierung sowohl des Reiters als auch des Pferdes entgegenzuwirken. Die Springgymnastik ist neben der dressurmäßigen Gymnastizierung/Ausbildung und der Schulung über parcoursmäßige Sprünge ein Hauptfaktor bei der Ausbildung des Springpferdes/-reiters. Auch in der Vielseitigkeitsreiterei haben gymnastische Springübungen einen hohen

Stellenwert. In der Spezialdisziplin Dressur werden der ganzheitliche Gymnastizierungseffekt und der ideale mentale Ausgleich durch eine Springgymnastik häufig unterschätzt.

Grundlagen

Unter Springgymnastik versteht man das Gymnastizieren von Pferden über Cavalettis und Stangen, kleine Hindernisse und Hindernisreihen. Reiter und Pferd sollen hierdurch die Fähigkeiten vermittelt werden, die sie auch zur vertrauensvollen Überwindung turniermäßiger Parcours beherrschen müssen. Die Springgymnastik ist ein Hilfsmittel, um das Pferd zu erziehen, seinen Körper effektiv zu gebrauchen und selbständig mitzudenken.

Die Übungen sollen dabei möglichst eigenständig vom Pferd ausgeführt werden. Für den Reiter bedeutet das, daß er so wenig eingreift wie möglich und nur so viel unterstützt wie nötig.

Bei der praktischen Durchführung sind Hindernishöhen von 60–100 cm vollständig ausreichend und schützen die Beine vor übermäßiger Beanspruchung.

Kleine Sprünge – große Wirkung!
Der Hindernisaufbau sollte beim Gymnastikspringen sinnvoll und durchdacht sein. Durch Variation der Hindernisse und der Entfernung lassen sich abwechslungsreiche Aufgaben erstellen, die weder für den Reiter noch das Pferd monoton und ermüdend werden.

Man hüte sich vor Patentrezepten und wähle eine individuell auf das Pferd abgestimmte Konstellation der Hindernisse!

Durch diese individuellen Aufbauvarianten kann man Schwierigkeiten frühzeitig vorbeugen und Probleme gar nicht erst entstehen lassen. Wenn aber doch, sollten sie nicht mit Härte, sondern vielmehr mit Konsequenz und Lob gelöst werden, um so eine wertvolle Vertrauensbasis aufzubauen.

Ziele

Durch das Gymnastizieren des Pferdes über Stangen, Cavalettis und Hindernisreihen werden sowohl beim Pferd als auch beim Reiter unterschiedliche Fähigkeiten entwickelt und verbessert. Sie sind nicht isoliert voneinander zu betrachten, und immer sind mehrere Bereiche angesprochen. Um einen kurzen Überblick zu vermitteln, was durch gezielte Übungen erreicht werden kann, folgen einige Ziele mit kurzen Praxiserläuterungen.

Innerhalb der *Gymnastikreihe* ist in erster Linie das Pferd aktiv, so daß sich der Reiter voll auf seinen *Sitz* konzentrieren kann. Durch geschmeidiges, elastisches Mitgehen in die Bewegung des Pferdes kann er seine *Balance* verbessern. Der Reiter erhält die Möglichkeit, seinen Sitz zu beherrschen und zu festigen, was Grundlage für eine optimale Einwirkung auf das Pferd ist. Weiterhin sind *Konzentrations- und Koordinationsfähigkeit* gefordert, da die Hindernisse schnell hintereinander folgen und Reiter und Pferd schnell reagieren müssen.

Durch den rhythmischen Ablauf bekommt der Reiter ein *Gefühl für die Größe des Galoppsprungs,* so daß er später sein optimales Grundtempo besser einschätzen kann. Auch das *Gefühl für die passende Distanz* kann durch das sichere Taxieren des Pferdes beeinflußt werden. Das wertvollste Ziel ist aber für Reiter und Pferd identisch: mehr *Selbstvertrauen* und *Sicherheit* zu bekommen. Beide können ihren eigenen Fähigkeiten voll vertrauen. Die jeweilige Übung muß so aufgebaut werden, daß sich sowohl der Reiter als auch das Pferd sicher fühlen und mit einem Erfolgserlebnis die Übungsstunde beenden können. Dann haben beide Freude an der Arbeit und fühlen sich nicht überfordert.

Ein wichtiges Ziel der gymnastizierenden Arbeit über Sprünge ist die *Lockerung und Kräftigung der Rückenmuskulatur des Pferdes.* Freundliche und einladend hintereinander aufgebaute Hindernisse in passender – das heißt, dem Galoppsprung des Pferdes angepaßter – Entfernung sind gut geeignet, um die Rückentätigkeit vermehrt anzuregen.

Das Pferd muß lernen, die jeweilige Übung möglichst selbständig zu lösen und dabei mitzudenken. Dadurch wird es aufmerksam und lernt, sicher zu *taxieren* und geschickt auf sich selbst aufzupassen. Gerade deswegen ist es wichtig, häufig den Aufbau zu verändern. Je nach Ausbildungsstand benötigt das unerfahrene Pferd mehr Grundlinie (siehe Abbildung S. 106) als Hilfe für den sicheren Absprung; diese Absprungerleichterung kann allmählich reduziert und schließlich weggelassen werden.

Das *Reaktionsvermögen* des Pferdes kann man u. a. dadurch schulen, daß man die Abstände zwischen den Hindernissen verändert. Enge Abstände erziehen das Pferd dazu, sich vermehrt aufzunehmen und vermehrt unter den Schwerpunkt zu galoppieren. Durch weitere Abstände lernt das Pferd, seinen Galoppsprung zu vergrößern und sicher abzuspringen. Die Entwicklung der Schnellkraft und auch die Kraftentwicklung aus der Hinterhand werden beispielsweise durch energisches und entschlossenes Abspringen in In-und-Outs gefördert.

Gerade das junge Pferd wird in der Anfangsphase Probleme haben, sich auszubalancieren und die Sprünge richtig zu taxieren. Durch die Variation der Distanzen wird es neben der erhöhten Aufmerksamkeit dieses Gleichgewicht sehr viel schneller erlernen als bei einem Reiten über einzelne Hindernisse. Die gezielte Entwicklung der Schnellkraft und der Sprungkraft hingegen kommt erst für erfahrenere Pferde in Frage.

Der Aufbau einer Trainingsstunde

Jede Übungsstunde muß sorgfältig durchdacht und systematisch aufgebaut werden. Der Reiter oder Ausbilder sollte sein Ziel klar vor Augen haben und dieses Schritt für Schritt während der Stunde umsetzen. Soll beispielsweise die gewählte Gymnastikreihe dem Pferd helfen, seine Galoppsprünge zu verkürzen und sich vermehrt aufzunehmen, so ist auch ein anschließender Einzelsprung so anzureiten, daß das Pferd vermehrt unter den Schwerpunkt springt und der Absprungpunkt nicht zu weit von dem Hindernis entfernt liegt (das Pferd sollte dabei von sich aus »zurückkommen«).

Wie häufig man Gymnastikspringen in den Trainingsplan für Reiter und Pferd einbaut, ist individuell verschieden. Als grobe Richtschnur kann man zwei- bis dreimal pro Woche die Arbeit über Cavalettis und/oder Hindernisse ansetzen. Gerade für junge Pferde ist es häufig besser, eher viermal in der Woche nur ein paar kurze Übungen vor, nach oder zwischen der dressurmäßigen Arbeit zu absolvieren. Auf jeden Fall sollte man nicht in nur einer Trainingseinheit pro Woche mit vollem Programm Reiter und Pferd überfordern. Zum Ausgleich des Dressurpferdes hingegen reicht einmal pro Woche aus.

Die grobe Einteilung einer Trainingsstunde:

1. Lösungsphase
2. Arbeitsphase
3. Erholungsphase

gliedert sich in:

1. Mindestens 10 Minuten Schritt am hingegebenen Zügel, wobei Schrittcavalettis mit einbezogen werden sollten; 15–20 Minuten lösende Trab- und Galopparbeit zwischen den Hindernissen. Cavalettis im Trab sind eine willkommene Hilfe für die lösende Arbeit.

2. Ca. 10–20 Minuten Springen (die ausgewählten gymnastizierenden Spring-

Die ausgiebige Lösungsphase bereitet das Pferd auf die Arbeitsphase der Stunde vor (Windfall, 5jähriger Trakehner Hengst von Habicht, unter Ingrid Klimke)

übungen schrittweise aufbauen und üben). Das dressurmäßige Reiten zwischendurch oder kurze Schrittpausen sind individuell zu berücksichtigen und abhängig unter anderem von der Grundkondition, nervlichen Belastbarkeit und Durchlässigkeit des Pferdes. Die tatsächliche Zeit über Cavalettis bzw. Hindernisse sollte 15 Minuten nicht überschreiten. Auf jeden Fall sollte der Reiter rechtzeitig, das heißt, vor Erreichen des Ermüdungszustandes, zur Erholungsphase übergehen.

3. Zum Abschluß mit vorwärts-abwärts gedehnter Halseinstellung traben, Zügel aus der Hand kauen lassen und mindestens 10 Minuten Schritt am hingegebenen Zügel. Eine kurze Schrittrunde durchs Gelände ist wohl die beste Erholung für Reiter und Pferd.

Eine sinnvolle, erfolgreiche Übungsstunde erfordert Zeit, Ruhe und Geduld und sollte nicht in Hektik durchgeführt werden.

Schulung des Reiters

Ausrüstung

Der Reiter (und damit spreche ich nicht nur von Anfängern) sollte immer eine *Reitkappe* tragen. Da die einfache Reitkappe im Falle eines Sturzes herunterfallen kann, sollte eine Kappe mit Kinnschutz selbst für niedrige Hindernisse selbstverständlich sein.

Genauso wie die Kappe gehören auch *Gerte* und *Sporen* zu den Ausrüstungsgegenständen, die der Reiter zum Springen immer bei sich hat.

Nur der unerfahrene Reiter benötigt so lange keine Sporen, bis er seinen Schenkel ruhig am Pferd liegen lassen kann. Nor-

Kappe mit Kinnschutz

malerweise sollte jeder erfahrene Reiter kurze, stumpfe Sporen tragen, um notfalls einem Ignorieren der Schenkelhilfen entgegenzuwirken. Die Betonung liegt auf *stumpfe* Sporen, denn diese reichen völlig aus, um ein Pferd sensibel auf die Schenkelhilfe zu behalten.

Meiner Meinung nach ist es effektiver, mit der Gerte ein Pferd einmal hinter dem Schenkel zu strafen, als ständig die Sporen einzusetzen. Die *Gerte* sollte eine mittlere Länge haben, da beim Gebrauch einer zu kurzen Gerte das Pferd gleichzeitig durch die unruhige Hand des Reiters im Maul gestört wird. Zu lange Gerten hingegen treffen die Hinterbeine/-hand und werden deswegen nicht mehr als Verstärkung des Schenkels wahrgenommen.

Für den unerfahrenen Reiter ist ein sicheres und braves Lehrpferd eine notwendige Voraussetzung. Es sollte seine Aufgaben so routiniert absolvieren, daß es Reiterfehler verzeiht. Solche zuverlässigen »Lehrmeister« sind zwar nicht leicht zu finden, ohne diese ist es aber nur schwer möglich, eine solide reiterliche Basis zu erreichen.

Grundelemente des effektiven Reitens über Sprünge

• Bevor ein Reiter anfängt zu springen, muß er in der *dressurmäßigen Ausbildung* so weit fortgeschritten sein, daß er sein Pferd sicher an den Hilfen hat.

Die dressurmäßigen Grundlagen müssen so weit gefestigt sein, daß der Reiter in seiner Hilfengebung unabhängig ist und somit seine Hilfen auch einzeln geben kann (so daß beispielsweise der Reiter leichttraben kann, ohne daß bei jedem Aufstehen seine Hände mit in die Höhe gehen).

Das Pferd muß die Hilfen des Reiters akzeptieren. Die Hilfen des Reiters müssen so gut durchkommen, daß er jederzeit sein Pferd parieren kann und durchlässige

Das Springen über Cavalettis fördert das Vertrauen: Lehrpferd Bintang, 11jähriger englischer Vollblutwallach, unter Andreas Busacker.

Schon während der Landephase schaut Concord, ein 7jähriger Holsteiner Wallach von Chromatic xx, mit gespitzten Ohren aufmerksam auf das nächste Hindernis.

Übergänge selbstverständlich und ohne zu viel Aufwand (lange Gerte, scharfe Sporen) möglich sind.

• Hat der Reiter *Vertrauen* zu seinem Pferd, seinem Reitlehrer und in seine eigenen Fähigkeiten, kann er mit einfachen ersten Übungen anfangen (beginnt er mit Cavalettis wie im folgenden beschrieben, verläßt er anfangs kaum den Boden). Der Reiter muß angstfrei und gelassen an die ersten Übungen gehen. Sonst wird er sich aufgrund seiner Verkrampftheit und Verspannung nur schwer in die für ihn neuen Bewegungen des Pferdes einfühlen können.

• Der Schlüssel zum erfolgreichen Reitenlernen sind *Selbstdisziplin* und *Konzentration*. Der Reiter muß sich auf seinen Sitz konzentrieren und den optimalen Weg zum Sprung auswählen. Er soll den Bewegungen des Pferdes folgen, ohne es dabei zu stören. Wenn er auf diese Dinge achtet und seinen Kopf dafür frei macht, sind alle Übungen problemlos zu absolvieren.

Sowohl der Reiter als auch das Pferd lernen durch Wiederholungen. Die wesentlichen Dinge, auf die der Reiter zu achten hat, sind *Sitz, Rhythmus* und *Grundtempo*. Durch das gezielte, mehrfache Ausführen bestimmter Übungen wird ein Bewegungsablauf und -gefühl trainiert und schließlich automatisiert. Er kann sich eine Sache herausgreifen, etwa sein Rhythmusgefühl, und dieses durch häufiges Wiederholen verbessern. Dafür kann beispielsweise das Zählen der Galoppsprünge zwischen den Hindernissen eine gute Hilfe sein, um gleichmäßiges Galoppieren zu üben.

• Als besonders wichtig möchte ich noch einmal herausstellen, daß jede Übung aus drei Phasen besteht:

eine Anreitephase
eine Springphase
und eine Phase des Weiterreitens.

Alle Phasen sind gleich wichtig für die erfolgreiche Ausbildung von Reiter und Pferd.

Häufig sieht man Reiter, die zuviel Energie dafür aufwenden, einen guten Sprung vorzubereiten. Nach dem Hindernis aber geht jegliche Konzentration verloren, und es fehlt die rechtzeitige Vorbereitung für den nächsten Sprung. Im Parcours bilden die Galoppsprünge nach dem Sprung häufig schon wieder die Anreitphase für das folgende Hindernis.

• Die wichtigsten Merkmale für ein harmonisches, stilistisch gutes Springreiten sind neben dem korrekten Sitz und der Balance (die im nächsten Kapitel noch ausführlich zur Sprache kommen)

ein frühzeitig vorausschauender Blick
ein frisches Grundtempo
und der gleichmäßige Galopprhythmus.

Anfangs konzentriert sich der Reiter so lange auf eine Sache, bis er sie beherrscht und sie dann später zusammen mit den anderen automatisch ausführen kann. Und das dauert natürlich seine Zeit.

• Der Reiter ist im wesentlichen für drei Dinge verantwortlich:

1. Er muß den optimalen Anreiteweg bzw. die optimale Linienführung wählen,

2. das passende richtige Grundtempo (einschließlich gleichmäßigem Rhythmus) wählen,

3. er darf sein Pferd nicht stören und im falschen Moment eingreifen, muß aber mit den Hilfen stets am Pferd bleiben.

• Der Reiter muß sein Pferd im richtigen *Grundtempo* reiten und die beste Linie zum Hindernis wählen. Den Sprung selbst muß das Pferd eigenständig, sicher absolvieren. Gerade deswegen sieht es bei den Topreitern so einfach aus. Hat der Reiter schon in der Wendung zum Sprung das passende Grundtempo (nämlich erhöhtes, normales oder verkürztes), so hat das Pferd die Chance, sich früh genug auf den Sprung zu konzentrieren. Durch das passende Grundtempo kann das Pferd rhythmisch und gleichmäßig bis zum Hindernis galoppieren. Der Galopp sollte aktiv und geschlossen sein. Der Reiter sollte sich selbst dabei nicht zu schwer machen, denn dadurch würde er den Pferderücken blockieren und den Bewegungsablauf behindern.

Raumgreifende Galoppade von Bintang mit erhöhtem Grundtempo

Bei verkürzten Galoppsprüngen sollte das Pferd nicht auseinandergefallen, sondern versammelt galoppieren. Ein erhöhtes freies Tempo zeichnet sich nicht durch eilige und hektische Galoppsprünge aus, sondern durch eine große, raumgreifende Galoppade. Gerade in der Wendung sieht man häufig Reiter, die ihr Grundtempo nicht beibehalten. Deshalb weise ich noch einmal darauf hin:

In der Wendung weitergaloppieren, in Balance sitzen und rhythmisch bis zum Sprung weiterreiten!

Concord, hier geritten von Svenja Kaese. Die Reiterin galoppiert in guter Balance durch die Wendung und schaut schon in der Wendung zum nächsten Hindernis.

Sobald der Reiter ein Gefühl für die Länge der Galoppsprünge seines Pferdes entwickelt hat, kann er das Grundtempo passend wählen. Daraus lernt er die passende Absprungdistanz einzuschätzen. Stimmt dann noch der Anreiteweg (entweder gerade, schräg oder auf gebogener Linie) und behält der Reiter sein Pferd sicher an den Hilfen und korrekt im Gleichgewicht, wird die passende Absprungdistanz sich daraus leicht entwickeln. Sieht dann der Reiter, ob die Distanz bis zum Absprung zu groß oder zu dicht wird, kann er reagieren und durch entsprechendes Verkürzen oder Verlängern der Galoppsprünge die optimale Absprungstelle finden. Er sollte aber erst eingreifen, wenn er die unpassende Distanz erkannt hat (und nicht aus Panik losreiten, weil er Angst hat, unpassend zum Hindernis zu kommen. Mit zunehmender Routine, kommt das Gefühl für die passende Absprungdistanz mit der Zeit automatisch.

Der Sitz und die Balance

Im Springsport können wir unterschiedlichste Ausprägungen des Springsitzes, auch leichter Sitz genannt, beobachten: vom klassischen Springsitz über den Entlastungssitz bis hin zum (fast) Aussitzen.

Man muß jedem erfahrenen Springreiter seine individuelle Note zubilligen, weil er in seinem Sitz gefestigt ist und auf unterschiedlichsten Pferden entsprechende Erfahrungen gesammelt hat. Für denjenigen aber, der den Springsitz erlernen will, gilt als Richtschnur nach wie vor, was in den »Richtlinien für Reiten und Fahren« der FN, Bd. 1, festgehalten ist.

An dieser Stelle möchte ich ein paar Schwerpunkte herausheben, die sich aus

Der Springsitz

- *Aus der Hüfte heraus wird der Oberkörper nach vorne geneigt.*
- *In der Schwebephase ist der Oberkörper so stark vorgeneigt und das Gesäß so weit aus dem Sattel, daß der Reiter im Gleichgewicht sitzt.*
- *Er muß in der Balance sitzen, um sich geschmeidig der Schwerpunktverlagerung des Pferdes anpassen zu können.*
- *Das Reitergewicht wird vermehrt von Oberschenkel, Knie und Absatz getragen.*
- *Wie beim Dressursitz ist der Absatz des Reiters der tiefste Punkt, wobei der Bügel etwas weiter (an der breitesten Stelle des Ballens) ausgetreten wird.*
- *Das Knie ist stärker angewinkelt; der feste Knieschluß gibt dem Reiter die nötige Sicherheit.*
- *Beim Absprung bekommt der Reiter genügend Druck in den Absatz, so daß der Unterschenkel nicht zurückrutschen kann und die flache Wade am Gurt liegen bleibt.*
- *Oberarm, Ellenbogen und Hände werden vermehrt vor den Körper genommen.*
- *Unterarm, Zügel und Pferdemaul bilden eine gerade Linie.*
- *Die Hand geht gefühlvoll in Richtung Pferdemaul vor, je nach erforderlicher Dehnung im Hals.*
- *Eine weiche Verbindung zwischen Reiterhand und Pferdemaul bleibt bestehen.*
- *Der Blick des Reiters ist zwischen den Ohren des Pferdes hindurch geradeaus gerichtet.*

meiner eigenen Erfahrung herauskristallisiert haben:

• Der leicht vorgeneigte *Oberkörper* sollte gerade im leichten Sitz geschmeidig mitschwingen. Denkt man an »im Sattel knien«, bekommt man das Gewicht leichter aus dem Sattel, wodurch der Pferderücken entlastet wird. Der Reiter sollte sich im Gleichgewicht dem Bewegungsrhythmus des Pferdes anpassen und dabei vor allem den Oberkörper ruhig halten.

Fehler:
Der Oberkörper ist zu weit nach vorne geneigt, und der Reiter »springt vor dem Pferd« (ist zeitlich dem Bewegungsablauf des Pferdes voraus).

Folge:
Das Reitergewicht fällt auf die Vorhand.

Gerade für junge Pferde oder solche, die noch nicht so gut ausbalanciert sind, wird es noch schwieriger, einen guten Sprung zu machen. Bei diesen Pferden ist der Galopp noch nicht so weit bergauf gerichtet, daß die Hinterbeine weit unter den Schwerpunkt springen. Durch die übertriebene Verlagerung des Reiteroberkörpers nach vorne haben sie am Sprung noch mehr Gewicht mit der Vorhand anzuheben.

Der Reiter sollte bis zum Absprung stillsitzen und mit dem Pferd im Gleichgewicht abspringen, sich also nicht zu früh und zuviel nach vorne neigen. Verpaßt er aber im entscheidenden Moment, beim Abspringen, mit dem Pferd mitzugehen, gerät er hinter die Bewegung und stört die Balance.

Korrekturtip:
Ohne Bügel springen.

• Der Reiter sollte zwischen den Pferdeohren hindurchschauen. Ich meine damit das *frühzeitige Schauen* auf den nächsten Sprung. Dabei sollte der Blick

Reiter und Pferd im Gleichgewicht

nicht nur früh genug auf das Hindernis gerichtet sein – die gesamte Linie sollte überblickt werden.

Beispiel:
Wenn man eine Distanz auf einer gebogenen Linie reitet, springt man nicht den ersten Sprung und schaut sich dann den Weg zum nächsten Sprung an, sondern man merkt sich vorher die gesamte Linie und behält sie im Blick.

• Früh genug zum Hindernis schauen, erst recht in der Wendung.

• Schon über dem Hindernis zum nächsten schauen.

Der *Absatz* bildet den tiefsten Punkt des Reiters. Der Schenkel hat immer Kontakt zum Pferd (weder zu weit nach vorne gerutscht, noch zu weit nach hinten). Das Reitergewicht wird dabei federnd in Ab-

Der Blick des Reiters ist über dem Cavaletti schon auf das nächste Hindernis gerichtet.

satz und Knie abgefangen. Die Lage des Unterschenkels beeinflußt die Balance und die Position des Oberkörpers; deshalb ist die korrekte Lage so wichtig für den Springsitz. Mit leicht nach außen gespreizter Fußspitze bleibt die flache Wade leichter am Pferd.

Der Kontakt mit dem Schenkel muß leicht sein; der Reiter soll nicht ständig quetschen und zuviel drücken. Das Pferd stumpft sonst ab, und dem Reiter fehlt die sofortige zündende Reaktion auf Druck des Schenkels, die für den Parcours äußerst wichtig ist.

Die *Hand* muß über dem Sprung weich mitgehen und schon in der Absprungphase tief und vorn sein. Die Arme gehen vor, nicht der Oberkörper! Man gibt so viel in Richtung Pferdemaul nach, daß sich das Pferd im Hals strecken kann, und behält dabei eine elastische Verbindung. Anfänger sollten die Hände oder Arme in Richtung Mähnenkamm vorschieben, um sich dort gegebenenfalls festhalten und/oder sich am Hals aufstützen zu können. Es ist besser, wenn die Zügel dann leicht durchhängen und der Kontakt für einen kurzen Moment verlorengeht, als daß sich der Anfänger am Zügel festhält und somit das Pferd im Maul stört. Das erfahrene Pferd kennt seinen Job und springt manchmal besser ohne Zügel, wie ich bei gezielten Sitzübungen beobachten konnte.

Nach dem Sprung wird der Kontakt wieder weich aufgenommen, wobei beide Hände immer elastisch mitschwingen (und nicht riegeln!). Manchmal ist es auch ratsam, die Hand vorsichtshalber in Richtung Mähnenkamm vorzuschieben. Schlägt das Pferd mit dem Kopf oder macht es einen unbeholfenen Sprung, hat man damit mehr Halt.

Ein guter Reiter kann sowohl in Richtung Mähnenkamm als auch in Richtung Pferdemaul vorgehen und ist flexibel mit der Handhaltung, kann sie also individuell auf sein Pferd einstellen!

Leitfaden zur praktischen Umsetzung

1. Übung: Auf gerader Linie über Cavalettis galoppieren.

Diese Übung gibt dem Reiter die Möglichkeit, sein neues Bewegungsgefühl im leichten Sitz zu schulen. Gleichzeitig bekommt er durch das gleichmäßige, rhythmische Galoppieren das Gefühl für die Länge des Galoppsprungs seines Pferdes.

Man stellt ein tiefes Cavaletti so auf den Platz, daß man es von beiden Händen auf gerader Linie anreiten kann. Die Mitte der Cavalettistange wird mit einem breiten Tesaband umklebt, damit sich der Reiter von Anfang an dazu erzieht, immer über die Mitte des Hindernisses zu reiten.

Der Reiter reitet zunächst im Schritt über das Cavaletti und achtet darauf, daß er von gerader Linie kommend die Mitte erreicht und danach geradeaus weiterreitet. Als nächstes trabt er in gleicher Weise über das Cavaletti (und zwar im Leichttraben) und achtet besonders darauf, daß sich sein Trabtempo nicht verändert, sondern die ganze Zeit gleichmäßig, taktmäßig bleibt.

Um von vornherein ein gerades Anreiten über die Mitte zu erreichen, sollte der Reitlehrer bewußt darauf achten, daß der Reitschüler auch frühzeitig zum Cavaletti blickt. Über dem Cavaletti sollte der Blick nach vorne gerichtet sein.

Die Phase nach der Landung ist genauso wichtig wie die Anreitphase (wie schon im Kapitel »Grundelemente« erläutert). Um die Konzentration des Reiters darauf zu lenken, wird jedesmal nach dem Cavaletti auf gerader Linie gehalten. Dieser Übergang sollte möglichst weich sein, und das Pferd sollte gerade stehen.

Trabt das Pferd von beiden Händen in der gewünschten Weise über das Cavaletti, kann mit dem Galopp begonnen werden.

Das Pferd wird über das tiefgestellte Cavaletti höchstens einen vergrößerten Galoppsprung machen, so daß sich der Reiter an den leichten Sitz gewöhnen kann, ohne vor einem ersten großen Satz

Die Reiterin beginnt im Schritt über ein tiefgestelltes Cavaletti.

Die Mitte des Cavalettis ist mit einem roten Klebeband markiert, so daß es der Reiterin leichter fällt, genau über die Mitte zu traben.

Der Reiter galoppiert im leichten Sitz über das tiefgestellte Cavaletti.

Angst haben zu müssen. Diese erste leichte Springübung setzt sich also aus folgenden vier Phasen zusammen:

- Gerades Anreiten
- Über die Mitte des Cavalettis reiten
- Geradeaus weitergaloppieren
- Auf gerader Linie durchparieren

Je nach Durchlässigkeit des Pferdes kann man diesen Übergang auch über Trab und Schritt auslaufen lassen. Handwechsel sind immer wichtig, um die Übung abwechslungsreicher zu gestalten und einige Male wiederholen zu können.

Danach wird das Cavaletti auf die höchste Stufe gedreht und die gleiche Übung im Galopp wiederholt, wobei der Reiter sich in die Bewegung eines kleinen Sprungs einfühlen kann. Jedes erfahrene Pferd wird normalerweise über das höher gestellte Cavaletti genauso gelassen wie über das tiefe galoppieren, so daß der Rhythmus gleich bleibt. Wenn der Reiter sich mit dem Galoppieren über ein Cavaletti wohl fühlt, macht er eine Schrittpause zur Entspannung.

Währenddessen dreht man das höhere Cavaletti wieder zurück auf die tiefe Stel-

lung und stellt ein zweites in ca. 19–20 m Entfernung dahinter. Normalerweise geht man davon aus, daß der Galoppsprung eines Pferdes durchschnittlich 3,50 m groß ist. Für Absprung- und Landephase rechnet man einen Galoppsprung hinzu. Diese Maße werden je nach Höhe des Hindernisses und des Grundtempos angepaßt. Bei einem niedrigen Sprung verkürzen sich auch Absprung- und Landeentfernung, so daß 19–20 m völlig ausreichen. Es ergibt sich also eine normale Distanz, die auf 5 Galoppsprünge zu reiten ist. Galoppiert das Pferd im normalen Grundtempo über das erste Cavaletti, müßte es also 5 Galoppsprünge machen und dann über das zweite Cavaletti galoppieren.

Zuerst trabt der Reitschüler über die beiden Cavalettis im Leichttraben. Dabei reitet er auf einer geraden Linie und hält auch auf gerader Linie. Hat er dies auf beiden Händen absolviert, reitet er die gleiche Linie im Galopp. Dabei ist auf den korrekten leichten Sitz zu achten: Der Reiter sollte elastisch in der Bewegung mitgehen und über dem ersten Cavaletti schon zum zweiten Cavaletti schauen. Bleibt das

Sehr gutes Halten auf gerader Linie

Lehrpferd Bintang macht nur einen vergrößerten Galoppsprung über das hochgestellte Cavaletti.

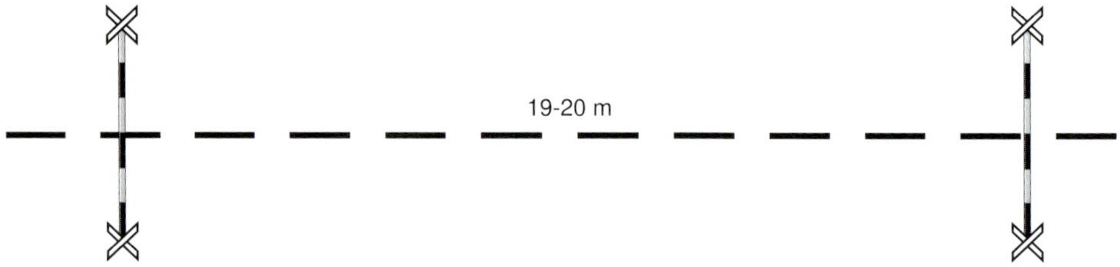

Zwei Cavalettis auf gerader Linie

Paar im gleichmäßigen Rhythmus auf gerader Linie, werden die Cavalettis auf die höchste Stufe gestellt, und die Übung wird wiederholt.

Ist der Reiter in der Lage, mit seinem Pferd nach dem Hindernis auf gerader Linie weiterzugaloppieren und zum Halten zu parieren, sollte er das Ende variieren. Er sollte zur Abwechslung einmal einen Zirkel, eine Volte oder einen einfachen Wechsel reiten (auf beiden Händen). Dann wird auch das Pferd nicht immer auf das Halten warten, sondern auf die Hilfen des Reiters achten (ein wichtiger Aspekt für das Parcoursreiten). Nun hat der Reiter zwei kleine Hindernisse auf gerader Linie überwunden, ist dabei rhythmisch galoppiert und hat die ersten Springerfahrungen im leichten Sitz gesammelt.

Diese Übung eignet sich auch für *fortgeschrittene* Reiter, die ein Gefühl für den Galoppsprung ihres Pferdes entwickeln wollen. Gleichzeitig können sie ausprobieren, welches Grundtempo sie benötigen, um dieselbe Distanz auf 4 oder 6 Galoppsprünge zu reiten, das heißt, die

Schnurgerade galoppiert der Reiter über die beiden Cavalettis.

Galoppsprünge zu vergrößern oder zu verkürzen.

Hat man die ersten Übungen absolviert, zählt man die Galoppsprünge zwischen den beiden Bodenricks. Der Reiter sollte sich angewöhnen, sie laut zu zählen, denn so hat der Reitlehrer die Kontrolle, ob er beispielsweise die Landung mitzählt (was viele Reiter anfangs tun). Man zählt den ersten Galoppsprung nach der Landung (1, 2 . . . 5) und sollte immer auf rhythmisches Galoppieren achten. Das normale (= passende) Tempo für das jeweilige Pferd wird schon vor dem Abwenden auf die gerade Linie gewählt und bleibt dann bis zum Halten auf gerader Linie nach dem Sprung erhalten.

Das Zählen der Galoppsprünge hat einen wertvollen Effekt: Es lehrt den Reiter, den Rhythmus zu fühlen und eine Distanz zu beurteilen. Nach einiger Übung weiß er: Wenn er »drei« sagt, ist er zwei Galoppsprünge vom Hindernis entfernt. Dadurch beginnt er zu sehen, wie zwei noch verbleibende Galoppsprünge aussehen. Durch diese Übungen entwickelt er ein »Auge«, die Fähigkeit zu sehen, ob eine Distanz sich harmonisch/rhythmisch reiten läßt oder ob es notwendig ist, etwas nach vorne zu reiten oder aber das Pferd vermehrt zu versammeln.

Als nächstes versucht der erfahrene Reiter, die Distanz auf 4 Galoppsprünge zu reiten, was ein höheres Grundtempo erfordert. Die Galoppsprünge zu verlängern ist eine Übung, die der Reiter während seiner dressurmäßigen Arbeit schon häufig absolviert hat. In diesem Falle kommt nur hinzu, daß er dabei über die beiden Cavalettis galoppiert.

Das höhere Grundtempo wird schon vor dem Abwenden auf die gerade Linie geschaffen, das heißt, das erste Cavaletti wird schon mit verlängerten Galoppsprüngen angeritten. Nach dem Landen und rhythmischen Weitergaloppieren sind die 4 Galoppsprünge automatisch da, wenn der Reiter sein Pferd frisch vorwärtsgaloppieren läßt. Somit kann der Reiter, ohne den Rhythmus zu unterbrechen, im leichten Sitz mitgehen, weichen Kontakt zum Pferdemaul behalten und das zweite Cavaletti auf sich zukommen lassen.

Für den *fortgeschrittenen* Reiter läßt sich diese Übung wie folgt erweitern: Er versucht, einen zusätzlichen Galoppsprung unterzubringen, die Distanz also auf 6 Galoppsprünge zu reiten, das heißt, den einzelnen Galoppsprung zu verkürzen.

Die Vorbereitung beginnt wieder damit, in der dressurmäßigen Arbeit die Länge des Galoppsprungs zu verkürzen. Dabei ist es hilfreich, seinen Oberkörper etwas mehr aufzurichten, um somit vermehrt einzusitzen. Idealerweise ist das verkürzte Grundtempo vor dem ersten Cavaletti so gewählt, daß sich die 6 Galoppsprünge daraus wieder automatisch ergeben. Sieht der Reiter aber nach der Landung, daß er die Galoppsprünge nicht genügend versammelt hat, verkürzt er sie noch mehr (weich – noch mehr einsitzen und die Hände schließen). Das Halten auf gerader Linie beendet die Übung, wie auch schon bei den vorherigen Versuchen.

Durch ein versammeltes Grundtempo galoppiert das Pferd geschlossener und ist besser ausbalanciert. Der Schwerpunkt verlagert sich etwas nach hinten, so daß sich auch der Reiter mehr aufrichten muß, um in der richtigen Balance (mehr »im« Pferd) zu sitzen. Diese Übung kann ausgeweitet werden und sollte mit unterschiedlichen Abmessungen variiert werden. Durch häufiges Wiederholen wird sich bald das Gefühl für das passende Grundtempo und für die passende Absprungdistanz verbessern.

2. Übung: auf gebogener Linie über Cavalettis galoppieren.

Übungen zur Verbesserung einzelner Fähigkeiten:

Der Reiter lernt, den leichten Sitz zu beherrschen. Er entwickelt ein Gefühl für

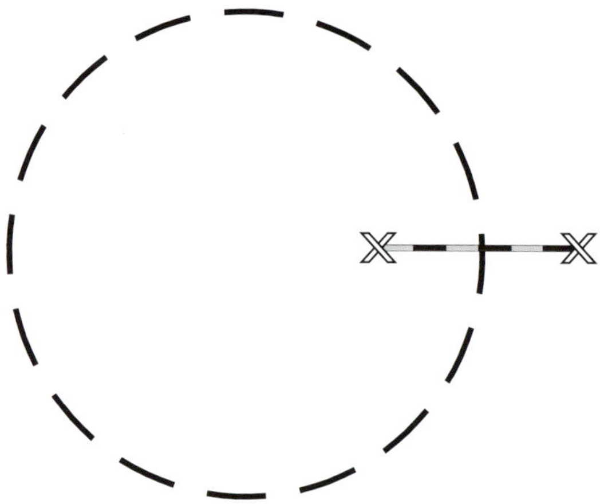

Cavaletti auf der Zirkellinie

den Rhythmus und das passende Grundtempo auf einer gebogenen Linie. Auch das Pferd kann sich durch eine gymnastizierende Arbeit in der Biegung im Galopp verbessern. Allerdings ist zu beachten, daß das Pferd beim Springen über das Cavaletti normalerweise den Galopp wechselt und dabei die Zirkellinie nach außen verlassen will. Um dies zu verhindern, muß der Reiter die Stellung und Biegung des Pferdes nach innen beibehalten, damit das Pferd nicht umspringt und im Handgalopp auf der Zirkellinie bleibt.

In guter Stellung und Biegung trabt das Pferd über das Cavaletti auf der Zirkellinie.

Ein Cavaletti wird in der tiefen Stellung auf die Zirkellinie gestellt. Die Aufgabe besteht darin, auf der Zirkellinie zunächst dieses eine Cavaletti zu überwinden. Es ist ratsam für den Anfänger, das Cavaletti auf den Hufschlag der geschlossenen Seite zu stellen, so daß er die Begrenzung nach außen als Hilfe hat. Es wird wieder im Trab begonnen, um sicherzustellen, daß der Reiter den Zirkel wirklich rund ausreitet.

Da man in der Praxis häufig sieht, daß diese so einfach klingende Übung von vielen Reitern nicht korrekt ausgeführt wird, sollte man gerade zu Anfang besonders darauf achten. Viele Reiter schauen sich nicht frühzeitig genug ihren Anreiteweg an und blicken nicht vorausschauend genug auf die Zirkellinie.

Es wird auf beiden Händen geritten, damit das Pferd auf beiden Seiten gleichmäßig gearbeitet wird. Der Reiter galoppiert über die Mitte des Cavalettis. Anschließend reitet er einige Runden auf jeder Hand, wobei auf das rhythmische

Anfangs steht das Cavaletti auf dem Hufschlag an der geschlossenen Zirkelseite.

Reiten im korrekten leichten Sitz zu achten ist. Klappt die Übung sowohl mit dem tiefgestellten als auch mit dem hohen Cavaletti auf der geschlossenen Zirkelseite, wird sie erschwert, indem das Cavaletti auf die offene Seite gestellt wird (tiefes Cavaletti). Dies ist häufig schwerer, als es sich anhört: Auf der gedachten gebogenen Linie über dieses Cavaletti galoppieren und danach auf der gebogenen Linie weitergaloppieren.

Zur Steigerung wird das Cavaletti auf die höchste Stufe gedreht, um dem Reiter

Zwei Cavalettis auf der Zirkellinie

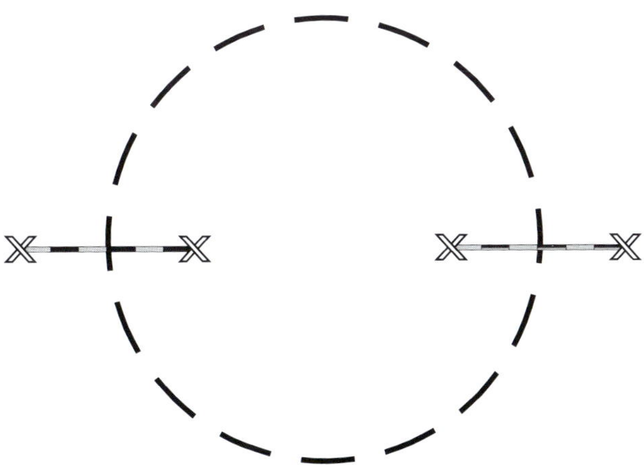

Die Reiterin galoppiert auf der Zirkellinie über beide Cavalettis.

das Gefühl eines niedrigen Sprungs zu vermitteln. Ein erfahrenes Pferd wird ganz normal mit einem vergrößerten Galoppsprung weitergaloppieren, ohne dadurch zu rennen oder zu eilen.

Die nächste Steigerung besteht darin, auf der gegenüberliegenden Seite des Zirkels ein zweites Cavaletti aufzustellen.

Die Aufgabe wird wieder zuerst im Trab und über das tiefgestellte Cavaletti begonnen.

Schon hier ist auf den wertvollsten Aspekt dieser Übung zu achten: Der Reiter muß nach dem (später: beim) Überwinden des einen Cavalettis schon früh genug zum nächsten Cavaletti schauen. Dadurch bleibt ihm keine Zeit, schlechte Angewohnheiten anzunehmen, beispielsweise über dem Sprung herunterzu-

Schon über dem Cavaletti schaut die Reiterin frühzeitig zum gegenüberliegenden Cavaletti, ohne die Balance zu verändern.

Zwei Cavalettis auf den äußeren Zirkelhälften beim Reiten einer Acht.

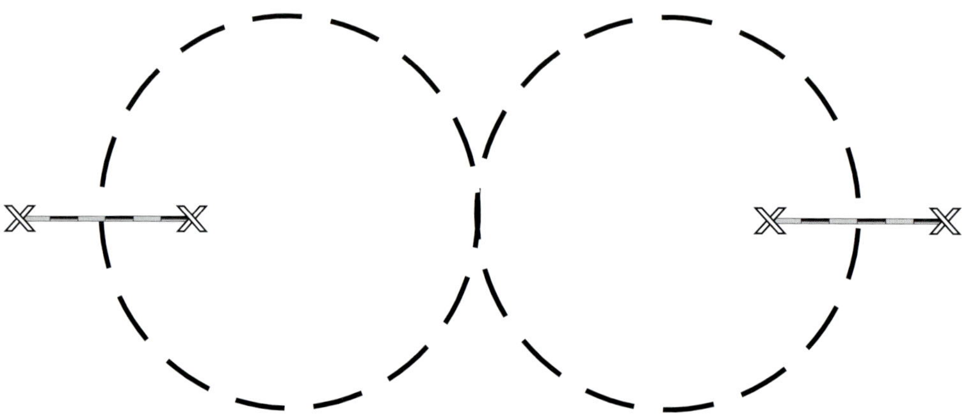

Das Pferd wechselt über dem Cavaletti den Galopp. Der Reiter sollte über dem Cavaletti noch gerader bleiben und nicht in der Hüfte einknicken.

schauen. Somit wird er frühzeitig zum vorausschauenden Reiten erzogen.

Hat der Reiter im Trab seinen optimalen Weg gefunden, wird es ihm keine Schwierigkeiten bereiten, beide Cavalettis im Galopp zu überwinden. Anschließend werden die Cavalettis hochgestellt und auf beiden Händen so lange überwunden, bis der Reiter auf der runden Zirkellinie rhythmisch galoppiert und exakt über die Mitte der Cavalettis springt, und zwar immer auf der gleichen Linie, ohne schneller zu werden.

Es kommt auf die Korrektheit an, mit der diese einfachen Übungen absolviert werden. Die häufigen Wiederholungen sind wichtig, um ein richtiges Gefühl zu entwickeln und sich dieses einzuprägen. Da es sich für das Pferd nur um einen erweiterten Galoppsprung handelt, wird es nicht überstrapaziert. Trotzdem sollte auf entsprechende Pausen geachtet werden.

Handwechsel über ein Cavaletti beim Reiten einer Acht

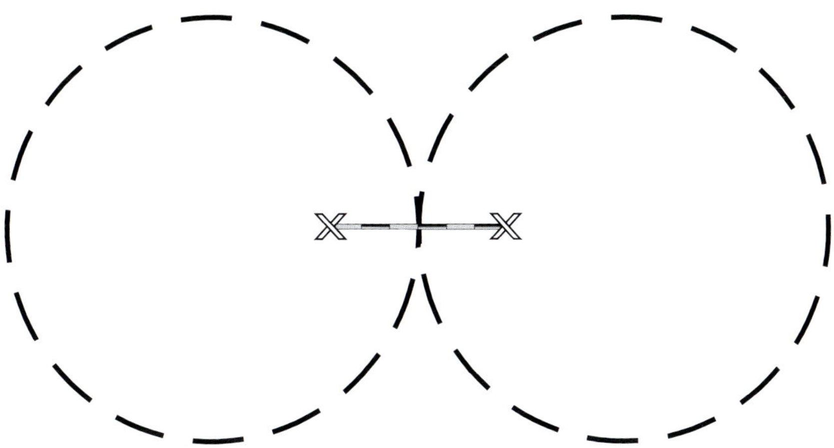

Für den *fortgeschrittenen* Reiter kann eine solche Grundübung noch erweitert werden.

Eine Variante stellt das »Reiten einer Acht« mit dem Handwechsel über dem Cavaletti dar.

Begonnen wird wieder im Trab. Es werden zwei gleich große Zirkel geritten.

In der Reitbahn ist diese Variante einfacher, denn dort kann man die Lektion »aus dem Zirkel wechseln« reiten und hat es somit wegen der gewohnten Linienführung einfacher.

Jedesmal, wenn der Reiter über dem Cavaletti die Richtung wechseln will, schaut er in die neue Richtung. Dadurch gehen auch die Hände mit und zeigen dem Pferd den Richtungswechsel an. Obwohl der Reiter das Cavaletti ein wenig schräg in die neue Richtung springt, reitet er immer die Mitte an.

Kann der Reiter die Übung im Trab sicher ausführen, wird mit der Galopparbeit begonnen, bei der das Pferd immer im Handgalopp gehen sollte. Dies wird dadurch erleichtert, daß das Pferd normalerweise beim Sprung über das Cavaletti den Galopp wechselt und dadurch selbst in die neue Richtung kommt.

Auf der Linie dieser Acht kann man statt eines auch zwei Cavalettis auf die äußeren Zirkelhälften placieren:

Das »aus dem Zirkel wechseln« kann dabei entweder über Trab, durch einen einfachen Wechsel oder durch einen fliegenden Wechsel geritten werden. Die Übung hilft dem Reiter, sein Pferd aufmerksam und gehorsam an den Hilfen zu halten, weil es sich sowohl auf die beiden Cavalettis als auch auf den Handwechsel konzentrieren muß.

Eine weitere Variante für das Springen auf der Zirkellinie könnte so aussehen, daß vier Cavalettis gleichmäßig an allen vier Zirkelpunkten aufgebaut werden.

Ein oder zwei Helfer zum schnellen Wiederaufbauen sind wichtig.

Der Reiter wird dazu erzogen, immer

Vier Cavalettis gleichmäßig auf der Zirkellinie verteilt

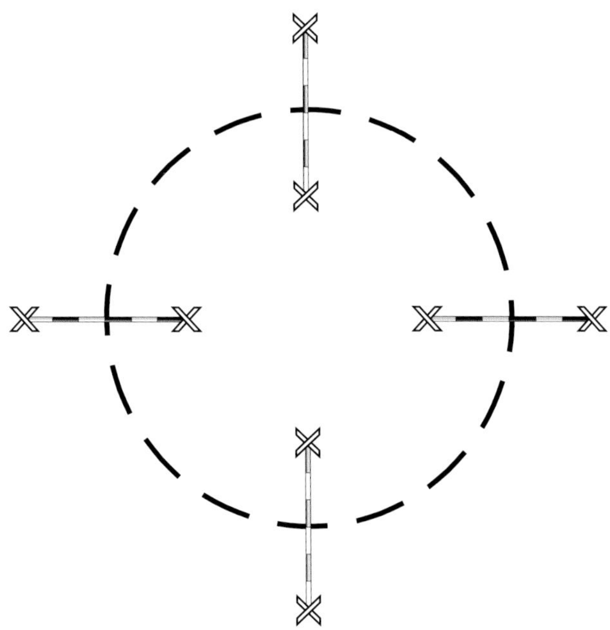

Cavalettis auf der Zirkellinie

frühzeitig (schon über dem jeweiligen Cavaletti) zum nächsten zu schauen. Das erfordert eine schnelle Reaktionsfähigkeit, da die Cavalettis sehr schnell aufeinander folgen. Weiterhin wird die Zirkellinie eingehalten und immer über die Mitte der Cavalettis gesprungen. Der Reiter muß über dem jeweiligen Bodenrick sein Pferd in die Wendung hineinreiten, damit das Pferd nicht nach außen wechselt.

In der Praxis ist häufig zu beobachten, daß der gleichmäßige Rhythmus nicht erhalten bleibt, das Pferd insbesondere schneller wird. Man sollte nach einigen guten Runden eine Schrittpause machen und auf jeden Fall diese Übung auf beiden Händen gleichmäßig üben. Der Reiter sollte sich weder um eine bestimmte Anzahl von Galoppsprüngen kümmern, noch darum, ob das Pferd in passender Absprungdistanz zum Cavaletti kommt. Dafür ist das Pferd selbst verantwortlich und wird sich dies gerade bei der geringen Cavalettihöhe selber einteilen.

Das Pferd wird bei diesen Übungen gleichzeitig zum geschmeidigen und gehorsamen Galoppieren in der Wendung erzogen. Statt Cavalettis kann man auch niedrige Hindernisse verwenden. Dann sollte vorsichtshalber an jedem Hindernis eine Person stehen, um die Stangen schnell wieder auflegen zu können.

Bisher hat der Reiter den Springsitz kennengelernt und über Cavalettis die

Das Pferd galoppiert aufmerksam zum nächsten Cavaletti.

ersten Erfahrungen gesammelt. Die Basis ist somit gelegt für die ersten Sprungfolgen und Gymnastikreihen. Einfache Aufbauvorschläge habe ich im Kapitel »Aufbauvariationen« für die Pferdeausbildung gemacht. In Anlehnung an diese Vorschläge kann die Ausbildung des Reiters schrittweise fortgeführt werden. Die bisher für Einzelhindernisse gegebenen Tips und Anmerkungen gelten entsprechend.

Typische Fehler und Korrekturvorschläge

Die folgenden Beispiele eignen sich nicht für den ganz unerfahrenen Reiter, der zuerst in seinem korrekten Springsitz gefestigt werden muß. Sobald der Anfänger seinen Sitz beherrscht und der Reitlehrer die ersten Schwächen feststellt, sollten sofort im Ansatz Korrekturen vorgenommen werden. Nur aus einem korrekten Sitz heraus kann eine optimale Hilfengebung und Einwirkung erfolgen; erst dann kann man sein Pferd sinnvoll beeinflussen und unterstützen.

Dieses Kapitel sollte gerade diejenigen Reiter ansprechen, bei denen sich mit der Zeit (eventuell ohne guten Unterricht mit Sitzkorrekturen) einige Fehler eingeschlichen haben. Handelt es sich um eine fest eingeprägte Angewohnheit, muß sich der Reiter sehr auf das für ihn neue Bewegungsgefühl konzentrieren. Erfahrungsgemäß dauert es eine Weile, bis man sich solche Fehler abgewöhnt hat. Ist man sich ihrer bewußt, muß man immer wieder kritisch an sich arbeiten, bis man sich mit der Zeit unbewußt richtig verhält.

Gerade für Sitzkorrekturen ist die Arbeit mit Cavalettis besonders gut geeignet, da man über eine Vielzahl von Sprüngen gezielt seine Fehler beheben kann, ohne das Pferd dabei zu überlasten.

Beherrscht der Reiter seinen »korrigierten« Springsitz über Cavalettis, kann er im nächsten Schritt dazu übergehen, diesen in Gymnastikreihen zu festigen.

Der Reiter schaut über dem Sprung nach unten und verdreht dadurch den Oberkörper.

Der Reiter schaut auf die hochgehaltene Hand der Reitlehrerin und zählt die Finger.

Damit das Pferd nicht unnötig oft eine Reihe wiederholen und zu viele Sprünge machen muß, sollte der Reiter voll konzentriert bei der Sache sein. Bevor er ein Hindernis anreitet, sollte er an seine Sitzkorrektur denken.

Fehler:
Der Reiter schaut über dem Sprung nicht nach vorne (sondern zum Beispiel auf den Hals).

Korrekturvorschlag:
Der Reitlehrer oder ein Helfer stellt sich auf die gerade Linie in entsprechender Entfernung hinter das Hindernis, hält eine Hand hoch und zeigt mit den Fingern eine Zahl.

Der Reiter schaut, während er durch die Gymnastikreihe springt, auf die erhobene Hand, zählt die Finger und sagt die Zahl laut. Der Reiter kann sich auch selbst helfen, indem er hinter dem Sprung einen markanten Punkt (Feuerlöscher, Bahnpunkt etc.) anvisiert.

Fehler:
Der Reiter schaut nicht frühzeitig über dem Sprung seitlich zum nächsten Hindernis.

Korrekturvorschlag:
Man wählt eine niedrige, einfache Gymnastikreihe mit einem oder zwei Galoppsprüngen zwischen vier Hindernissen (Abbildungen Seite 115 und 120).

Der Reiter bekommt die Anweisung, beispielsweise über dem ersten Sprung nach links, über dem zweiten Sprung nach rechts, über dem dritten wieder nach links und über dem vierten wieder nach rechts zu blicken. Das erfordert einen festen Balancesitz und höchste Konzentration (schnelles Reaktionsvermögen). Der Reiter sollte flexibel seinen Kopf zur Seite drehen können, um frühzeitig den nachfolgenden Sprung zu fixieren, ohne seine Balance zu verlieren.

Der Reiter hat die Arme zur Seite ausgestreckt oder stützt die Hände in die Hüften.

Fehler:

Der Reiter stützt sich über dem Sprung und/oder in der Landephase mit den Händen am Pferdehals auf.

Korrekturvorschlag:

Das Springen ohne Zügel mit den Armen entweder zur Seite oder hinter dem Rücken verschränkt oder mit den Händen in den Hüften eignet sich gut, da der Reiter sich nicht mit den Händen aufstützen kann.

Die Übung sollte (wie die vorherige) in einer leichten Reihe geübt werden. Man macht einen Knoten in den Zügel, so daß der Zügel nicht zwischen die Beine des Pferdes geraten kann. Als Einstieg können in einer Reihe erst vor dem letzten Hindernis die Zügel losgelassen werden, um dann nach und nach die Anzahl der Sprünge ohne Zügel zu erhöhen. Sobald das Pferd über die Trabcavalettis getrabt oder über das erste Hindernis gesprungen ist, läßt der Reiter die Zügel los.

Ein sehr gut ausbalancierter Reiter. Mit aufmerksamem Ohrenspiel springt das Pferd selbständig und sicher durch die Reihe.

Der Reitlehrer braucht keine Sorge um das Pferd zu haben, da häufig zu beobachten ist, daß Pferde ohne Zügel viel freier und ungezwungener springen als mit. Auch für das Pferd ist es ein kleiner Test, um zu sehen, ob es ohne Zügelhilfe und ohne die Verbindung zur Reiterhand allein seine Aufgabe lösen kann.

Eine weitere Übung, um das Vorgehen der Reiterhand zu festigen, stellt folgende Aufgabe dar:

Einmal sollte der Reiter bewußt in Richtung Mähnenkamm nachgeben, einmal in Richtung Pferdemaul und einmal in Richtung Pferdemaul, aber mit breit geführten Händen, ohne den Hals zu berühren. Dabei lernt der Reiter, seine Hände und Arme unabhängig von seinem

Die Reiterin sitzt nicht im Gleichgewicht, sondern ist der Bewegung des Pferdes voraus – sie springt »vor dem Pferd«.

Sitz zu bewegen, das heißt, ohne seine Balance zu verlieren.

Fehler:
Der Reiter sitzt nicht in der Balance.

Korrekturvorschlag:
Ohne Bügel springen.

Genauso wie das dressurmäßige Reiten ohne Bügel ist auch das Springen ohne Bügel die beste Möglichkeit, seine Balance zu festigen. Ohne Bügel fällt es dem Reiter leichter, in der Balance zu sitzen und somit seinen ausbalancierten leichten Sitz über dem Hindernis beizubehalten. Er kann weder vor die Bewegung des Pferdes kommen und »vor dem Pferd springen« (übrigens ein gravierender Reiterfehler, der Vorhandsfehler auslösen kann), noch hinter die Bewegung geraten, was das Pferd in seinem Bewegungsablauf stören würde.

Auf keinen Fall sollte der (unerfahrene) Reiter es ohne Bügel versuchen, bevor er es sich nicht zutraut und keine Angst mehr hat. Je sicherer er sich mit Bügeln fühlt, desto mehr baut sich das Vertrauen auf, und irgendwann ist er dann soweit.

Anfangs läßt der Reiter die Bügel nach einem kleinen Hindernis (Cavaletti) los und reitet ohne Bügel einen Zirkel oder eine Volte. In dem Augenblick, in dem er den Fuß aus dem Bügel nimmt, reitet er mehr »mit« seinem Pferd: Der Sitz entspannt sich, und der Reiter schwingt geschmeidiger mit der Bewegung des Pferdes mit. Das Bein wird länger, und der Unterschenkel liegt ruhiger am Pferd. Fühlt sich der Reiter ohne Bügel sicher, werden die Bügel vom Sattel entfernt. Läßt man die Bügel herunterhängen oder schlägt man sie über, stoßen sie das Pferd unnötig.

Zuerst reitet man über ein Cavaletti (siehe »Leitfaden zur praktischen Umsetzung«), dann über zwei auf gerader Linie. Nach einer gewissen Gewöhnungsphase eignen sich einfache (anfangs niedrige) Gymnastikreihen deswegen gut, weil die Hindernisse schnell hintereinander folgen und somit die Schwerpunktverlagerung gut gefühlt werden kann.

Je besser ein Reiter im Gleichgewicht mit dem Pferd mitgeht, seine Balance ohne Unterstützung von Bügeln oder Zügeln halten kann, um so sicherer, elastischer und wirkungsvoller wird er.

Häufig beobachtet man, daß die Pferde zufrieden und gelassener bleiben, weil die Reiter viel vorsichtiger und einfühlsamer sind und es ihnen leichter fällt, sich in die Bewegungen des Pferdes einzufühlen und mitzugehen.

Links: Noch während der Landephase nimmt die Reiterin die Füße aus den Bügeln.

Zur Gewöhnung an das Springen ohne Bügel galoppiert die Reiterin zunächst über ein Cavaletti.

Sogar ohne Bügel und Zügel sitzt der Reiter sehr gut im Gleichgewicht.

Schulung des Pferdes

Ausrüstung

Neben dem Springsattel, dem Zaumzeug und vielleicht einem Martingal gehört ein Beinschutz zur vollständigen Ausrüstung des Pferdes.

Zum Springen werden die Pferdebeine vorne durch *offene Springgamaschen* und hinten durch *Streichkappen* vor Verletzungen geschützt. Offene Springgamaschen schützen die Sehnen des Pferdes und erziehen es gleichzeitig zur Vorsicht: Es spürt, wenn es mit dem Vorderbein die Stange berührt. *Sprungglocken* werden nur bei Pferden angelegt, die dazu neigen, sich mit den Hinterhufen ein Eisen abzutreten oder sich zu »greifen«.

Die *Zäumung* bleibt für das Springen gegenüber der dressurmäßigen Ausbildung unverändert. Für das tägliche Training sollte das *Gebiß* nicht zu dünn und scharf sein. Manche Reiter neigen dazu, Versäumnisse oder Schwierigkeiten in der Ausbildung mit schärferer Zäumung zu vertuschen, anstatt sie mit reeller dressurmäßiger Arbeit zu korrigieren. Sinnvoller ist es, die Ursache mit Ruhe und Geduld konsequent zu beheben.

Der erfahrene Reiter kann im Einzelfall ein schärferes Gebiß, das er zu Hause getestet hat, für den turniermäßigen Parcours benutzen.

Für besonders empfindliche Pferde kann auch ein *doppelt gebrochenes Gebiß* hilfreich sein. Das *Martingal* wird häufig gebraucht, um ein Herausheben des Halses zu verhindern. Je nach Rittigkeit und Durchlässigkeitsgrad des Pferdes sollte man den Einsatz variieren. Auf jeden Fall muß das Martingal lang genug verschnallt sein, um eine störende Unterbrechung zwischen Pferdemaul und Reiterhand zu vermeiden.

Das korrekt ausgerüstete Springpferd (Concord, 7jähriger Holsteiner Wallach von Chromatic xx).

Vorüberlegungen

Wie schon im vorigen Kapitel erläutert, ist der Reiter für den optimalen Anreiteweg und das passende Grundtempo verantwortlich. Bevor er dann das erste Element (Cavaletti oder niedriges Hindernis) der Springgymnastik erreicht, schiebt er die Hand in Richtung Pferdemaul vor. Somit hat das Pferd die nötige Freiheit, die Übung ungestört und möglichst selbständig auszuführen (Erziehung zur Selbständigkeit).

Die Phase des Weiterreitens nach dem Hindernis sollte auch schon für die springmäßige Ausbildung des jungen Pferdes besonders beachtet werden, um es zur frühzeitigen Konzentration auf den Reiter zu erziehen. Das Pferd soll lernen, nach dem Hindernis auf den Reiter zu warten und nicht unkontrolliert in eine Richtung wegzugaloppieren. Um das Pferd zu beschäftigen, sollte der Reiter entweder auf gerader Linie parieren (zum Trab, später Schritt oder Halten) oder eine Volte oder einen Zirkel auf wechselnden Händen reiten.

Um das Pferd vor abwechslungsreiche Situationen zu stellen, sollte auch der Anreiteweg einmal von der linken und einmal von der rechten Hand gewählt werden.

Monotonie stumpft ab.

Die springmäßige Gymnastizierung erfordert höchste Konzentration und Aufmerksamkeit des Pferdes, deshalb sind Pausen sehr wichtig. Diese sollten nicht in einem starren Rhythmus, sondern je nach Gefühl des Reiters eingelegt werden.

Meiner Meinung nach lassen sich für junge Pferde keine festen Zeiten festlegen, wie oft und wie lange sie springen sollten. Einerseits lernt das Pferd durch häufige Wiederholungen (zum Beispiel einer Gymnastikreihe), andererseits stumpft es aber auch ab. Schlimmstenfalls wird es sogar unvorsichtig und gelangweilt, wenn es zu oft und zu lang immer dasselbe machen soll. Diese »Gratwanderung« erfordert viel Einfühlungsvermögen des Reiters. Ziel muß es sein, die Freude des Pferdes am Springen und an der Springausbildung zu erhalten.

Im folgenden Kapitel werde ich einige typische Beispiele als Richtschnur aufzeigen, wie man den Aufbau für das unerfahrene Pferd wählen kann. Man hüte sich davor, alle Pferde über einen Kamm zu scheren. Auch hier ist wieder das Feingefühl des Ausbilders und des Reiters gefragt, der den individuellen Aufbau für das Pferd herausfinden muß. Die gymnastizierende Springarbeit sollte von Pferd zu Pferd verschieden sein, unter Berücksichtigung von Temperament, Größe des Galoppsprungs, Springveranlagung und -freude sowie des erreichten Rittigkeitsgrads.

Voraussetzungen, die das Pferd erfüllen muß:

Das Pferd sollte mit den Hilfen des Reiters schon so weit vertraut sein, daß es sich taktmäßig und losgelassen unter dem Reiter bewegt und die Paraden und Übergänge mehr oder weniger durchlässig annimmt. Bevor das junge Pferd die ersten Hindernisse unter dem Reiter springt, sollte es durch Freispringen, Cavaletti-Arbeit und Traben über bunte Stangen vorbereitet werden.

Die Reihe sollte komplett aufgebaut sein, die Distanzen sollten genau stimmen. Vor dem Beginn der Arbeit werden dann die Stangen entfernt und neben die Ständer auf den Boden gelegt. Zum schnelleren Aufbau zwischen den Übungen empfiehlt es sich, die auf dem Boden liegenden Stangen seitlich aus der Springreihe zu ziehen, um bei Gebrauch die richtigen Abmessungen sicherzustellen. Aus 3 bis 4 Stangen oder Cavalettis kann eine Trabreihe für die Lösungsphase aufgebaut werden.

Oben: eine komplett aufgebaute Gymnastikreihe

Nimm in der Gymnastikreihe ein Element nach dem anderen hinzu.

Unten: dieselbe Reihe noch einmal von vorn: Die blauen Oxer- und die roten Steilsprungstangen liegen seitlich neben den Ständern. Eine weiße Stange liegt schon auf dem Boden hinter dem gelben Kreuzsprung. Die andere weiße Stange muß später nur noch in die Reihe zurückgezogen werden.

Aufbauvariationen für unerfahrene Pferde

Das unerfahrene, junge Pferd sollte von Anfang an lernen, daß es über jedes Hindernis springen muß. Es muß akzeptieren, daß es keinen anderen Weg gibt und es keine Chance hat, zu verweigern oder vorbeizulaufen. Haben die Pferde dies verstanden, wird ihnen das Springen Freude machen. Für die Praxis bedeutet das, daß der Reiter sein Pferd konsequent über die ersten kleinen Hindernisse reiten sollte (notfalls auch aus dem Schritt). Ein ängstliches Pferd kann man am besten mit der Stimme und/oder einem Führpferd überzeugen. Hat das Pferd gelernt, ein Hindernis vertrauensvoll mit Vorwärtstendenz zu springen, kann mit mehreren Hindernissen hintereinander begonnen werden.

Für unerfahrene Pferde sollten einige Fänge oder Stangen bereitstehen. Die ersten Hindernisse werden auf den Ausgang zu und in Anlehnung an die Bande aufgebaut, so daß das Pferd eine natürliche Führung und Begrenzung hat.

In den folgenden Aufbauvariationen

Schrittweise werden die Elemente ergänzt, bis die Reihe wieder komplett aufgebaut ist.

Das erfahrene Führpferd (Bintang) springt voraus.

Eine natürliche Begrenzung auf der einen Seite der Hindernisreihe und Fangständer auf der anderen machen die Gymnastikreihe einladend für unerfahrene Pferde.

Als Hilfe für den sicheren Absprung benötigt das unerfahrene Pferd mehr Grundlinie.

gehe ich davon aus, daß sich das junge Pferd beispielswiese durch Schnuppern am Hindernismaterial an die neue Umgebung gewöhnt hat. Deswegen setze ich eine ausgiebige *Lösungsphase* voraus und beginne mit der *Arbeitsphase* der Stunde.

Für jeden *Steilsprung* benötigt man zwei Stangen und legt eine davon immer als Absprungstange auf den Boden. Um dem unerfahrenen Pferd eine Absprungerleichterung zu bieten, wird diese gegebenenfalls etwa 30 cm vorgerollt.

Jeder *Oxer* besteht zu Anfang aus drei Stangen, wobei eine davon als vordere Absprungstange waagerecht unter der vorderen Oxerstange (nicht vorgerollt) liegt. Die Oxerstangen sollten entweder gleichhoch sein, oder die hintere sollte ein

Die Absprungstange des Oxers ist nicht vorgerollt, sondern liegt unmittelbar unter der vorderen Oxerstange.

bis zwei Löcher höher liegen, um das Hindernis einladender zu machen.

Gerade in der Gewöhnungsphase sollte nur einladendes Hindernismaterial verwendet werden. Auf Unterbauten etc. ist zu verzichten. Die Hindernisse sollten möglichst breit sein, mindestens aber 3,5 m.

Zwischen den Hindernissen werden teilweise Stangen auf den Boden gelegt. Um ein Wegrutschen zu vermeiden, sollten aber besser Cavalettis in tiefster Stellung oder eine Planke verwendet werden.

Allerdings erschwert dies in der Praxis die Aufbauarbeit. Außerdem darf die Gefahr des Wegrutschens einer Stange nicht überbewertet werden. Ich habe es noch nicht erlebt, daß ein Pferd sich dadurch verletzt hätte.

Zum Aufbau empfiehlt sich weiter, 2–4 Extrastangen bereitliegen zu haben, die als zusätzliche Hilfsmittel, etwa als weitere seitliche Begrenzung, eingesetzt werden können.

Der Reiter sollte gerade bei den ersten Springversuchen eine weiche Verbindung zum Maul behalten. Gibt er die Verbindung zu früh auf, fühlt sich das Pferd allein gelassen. Es ist ratsam, zu Anfang die Hände in Richtung Mähnenkamm vorzuschieben. Macht das Pferd unkontrollierte Sätze oder schlägt beispielsweise mit dem Kopf, kann sich der Reiter in der Mähne festhalten oder am Hals aufstützen.

Der Reiter darf über dem Hindernis nicht zuviel in der Hand haben. Das Pferd muß Zutrauen entwickeln, sich über dem Hindernis vertrauensvoll zu strecken und über den runden Rücken mit langem Hals auszubalancieren.

Der Reiter läßt sein Pferd nicht auf dem Hufschlag weitertraben, da es sonst genau auf die Ständer zutraben würde, sondern wendet so ab, daß er die Mitte der drei Trabcavalettis anreitet.

Trabt das Pferd ruhig von beiden Händen über die niedrigen Cavalettis und ohne danach zu eilen, wird das hohe Cavaletti in 2,20 m Abstand aufgestellt oder ein

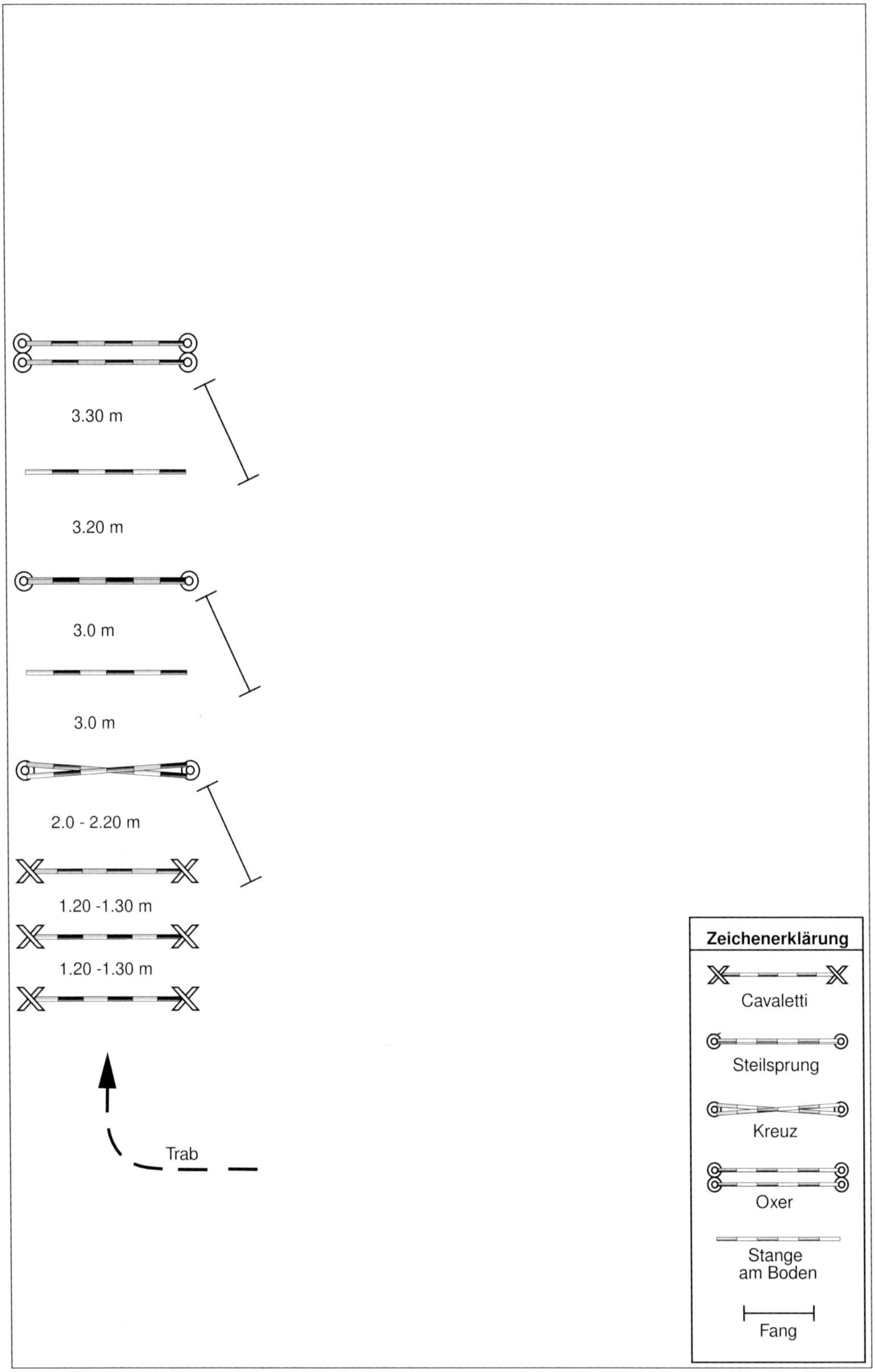
3.30 m
3.20 m
3.0 m
3.0 m
2.0 - 2.20 m
1.20 -1.30 m
1.20 -1.30 m
Trab
Zeichenerklärung
Cavaletti
Steilsprung
Kreuz
Oxer
Stange am Boden
Fang

Erste Gymnastikreihe für unerfahrene Pferde.

Kreuz eingelegt. Der Fang und die Bande verhindern ein seitliches Ausbrechen. Sollte das Pferd zögern, kann es aus dem Schritt oder Stand darüberhopsen.

Nach jedem Überwinden wird das unerfahrene Pferd deutlich gelobt und durchpariert, damit es von Anfang an Vertrauen bekommt.

Eine beruhigende Stimme und das Klopfen am Hals nehmen die erste Angst. Es gibt Pferde, die sich auf das Abfußen über die Cavalettis im Trab konzentrieren und deshalb versuchen, auch über das hohe Cavaletti zu traben. Dann empfiehlt es sich, ein Kreuz aufzubauen, wodurch das Pferd zum Abspringen veranlaßt und zum Springen über die Mitte angeregt wird.

Als nächster Schritt wird auf 6,00–6,50 m eine Stange auf den Boden gelegt, so daß das Pferd nach dem Cavaletti (oder Kreuz) einen Galoppsprung macht und der zweite danach über die Stange erfolgt. Anschließend wird ein kleiner Steilsprung aufgebaut und einige Male überwunden.

Es gibt keine Faustregel, wie oft man nach jedem weiteren aufgebauten Element die Gymnastikreihe überwindet. Legt man beispielsweise für einen Oxer erst eine Stange auf den Boden, baut dann einen Steilsprung und dann einen Oxer auf, so sind die Schritte so klein, daß nach zwei- bis dreimaligem Überwinden ein Pferd in der Regel für den nächsten Schritt bereit ist.

• Eilt das Pferd schon über die Cavalettis und wird zu schnell über dem hohen Cavaletti/Kreuz oder dem Steilsprung, so reitet man die Cavalettis aus der Wendung an, so daß das Pferd vorher nicht eiliger

Mutig folgt Mandela, 4jähriger Trakehner Wallach von Matador unter Stefanie Venschott, dem erfahrenen Bintang über seine erste Reihe.

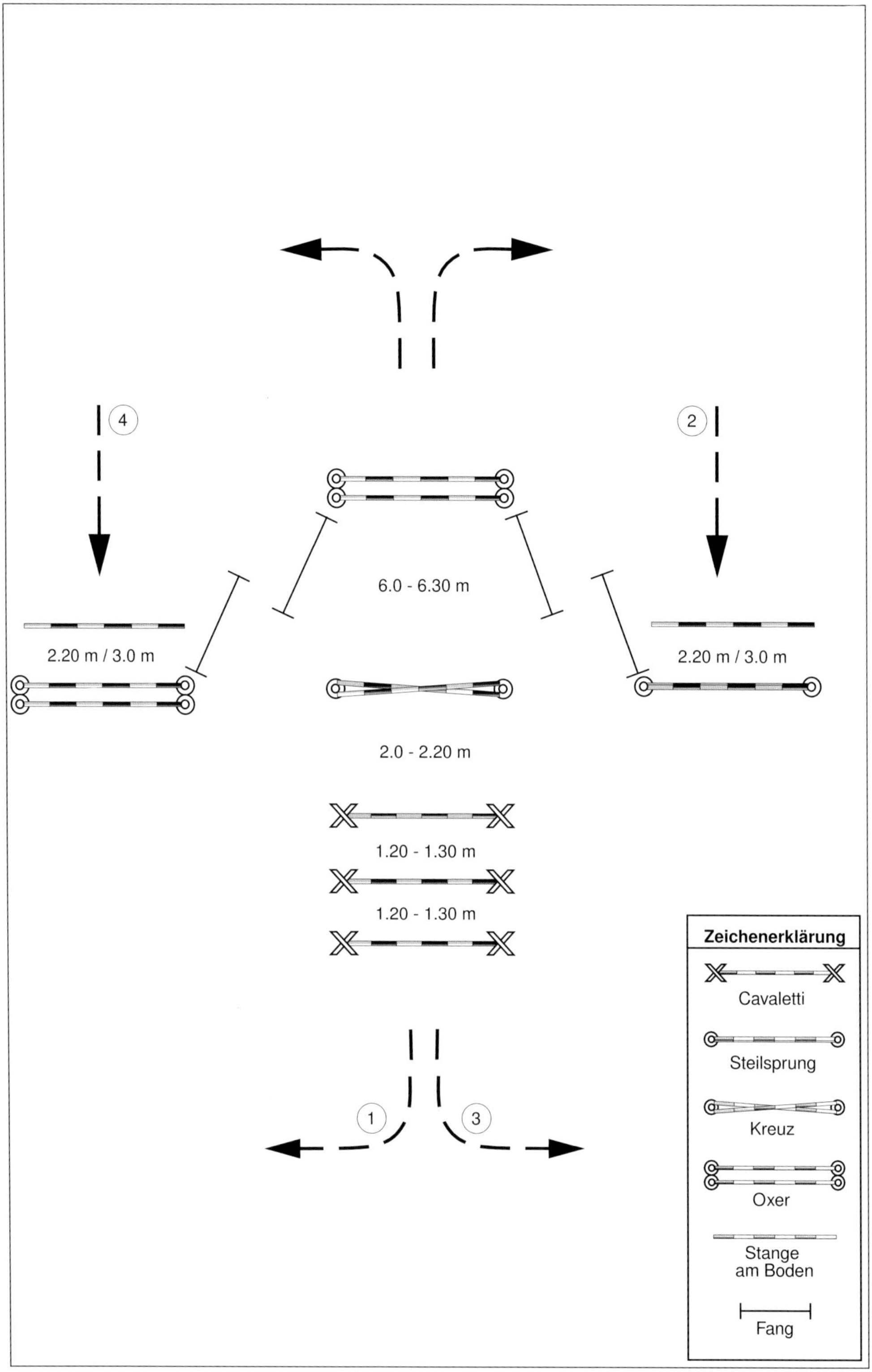

4
2
6.0 - 6.30 m
2.20 m / 3.0 m
2.20 m / 3.0 m
2.0 - 2.20 m
1.20 - 1.30 m
1.20 - 1.30 m
1
3
Zeichenerklärung
Cavaletti
Steilsprung
Kreuz
Oxer
Stange am Boden
Fang

Gymnastikreihe ohne Begrenzung auf der Mittellinie

werden kann, und paßt eventuell die Cavalettis der Wendung an (siehe Zeichnung S. 123).

- Wird das Pferd langsam, schwunglos oder zögerlich, galoppiert man die lange Seite vorher etwas vorwärts und pariert in der Wendung, um den Schwung mitzunehmen.

Häufig ist die Reduzierung auf 1 Cavaletti statt der 3 Trabcavalettis ratsam, um den Fluß zu behalten.

Zwei bis drei Tage später beginnt man noch einmal und legt nach dem hohen Cavaletti/Kreuz im Abstand von 3 m eine Stange auf den Boden, bevor der Steilsprung aufgebaut wird. Danach wird der schrittweise Aufbau fortgesetzt: Nach dem Steilsprung folgt eine Stange auf 3,20 m auf dem Boden, dann auf 3,30 m zuerst eine Stange auf dem Boden, ein Steilsprung bis zum Oxer.

Baut man eine Reihe so schrittweise auf, wird das Pferd vertrauensvoll die einzelnen Hindernisse überwinden. Sollte es zögern oder verweigern, muß das Führpferd einige Male vorweggehen, um es mitzuziehen, damit es danach wieder alleine springt. Zum Abschluß kann man auf der gegenüberliegenden Seite einen Steilsprung mit einer Stange auf 2,20 m davor aufbauen. Im Anschluß an die Reihe wird weich durchpariert zum Trab und aus dem Trab der einzelne Steilsprung angeritten, wieder durchpariert und nochmals die Reihe gesprungen. So hat man einen Rundlauf und kann einige Male die ganze Bahn ausreiten.

Wenn ein zweites Hindernis aufgebaut wird, ist es ratsam, gerade bei jungen Pferden eine Stange bei dem ersten Hindernis (Steilsprung) herunterzulegen. Häufig ist das Pferd so auf das neue Hindernis fixiert, daß es entweder die Trabcavalettis oder das erste Hindernis vergißt und dort einen Fehler macht.

Der Aufbau der Gymnastikreihe auf

Eine Stange auf dem Boden vor dem Hindernis hilft dem unerfahrenen 4jährigen Mandela, den Absprung sicher zu taxieren.

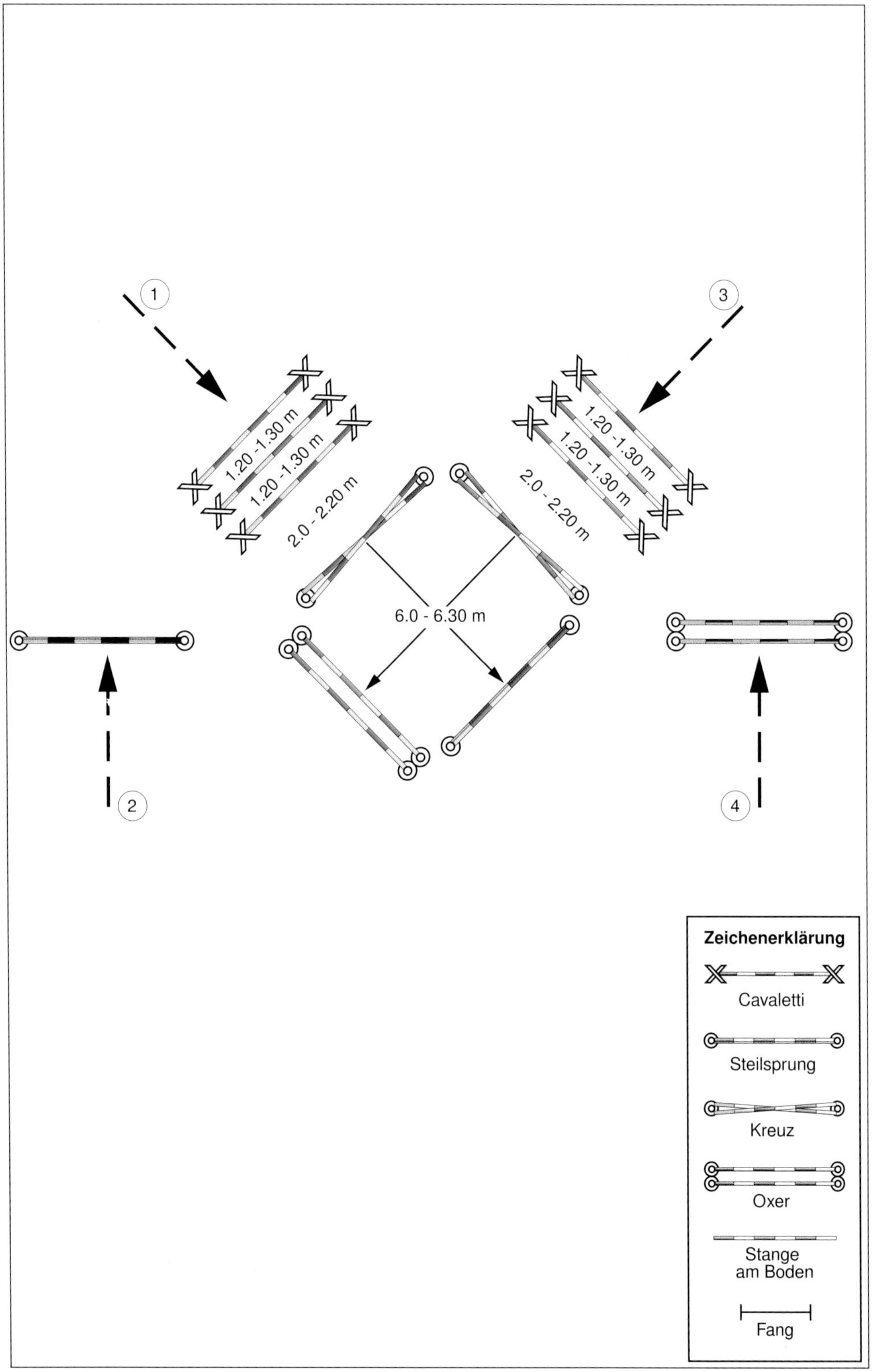
1
3
1.20 -1.30 m
1.20 -1.30 m
2.0 - 2.20 m
1.20 -1.30 m
1.20 -1.30 m
2.0 - 2.20 m
6.0 - 6.30 m
2
4
Zeichenerklärung
Cavaletti
Steilsprung
Kreuz
Oxer
Stange
am Boden
Fang

Gymnastikreihe auf der Diagonalen

der Mittellinie (siehe Seite 110) hat den Vorteil, daß man von beiden Händen anreiten und weiterreiten kann. Für das Pferd bietet die Reihe die ersten Sprünge ohne Anlehnung an die Bande auf der freien Linie. Man sollte zu Beginn wieder Fänge zur Hilfe nehmen und sie später nach und nach weglassen.

Begonnen wird mit 3 oder 4 Trabcavalettis, wobei wieder auf gerades Überwinden über die Mitte geachtet wird. Danach wird das Kreuz in 2,20 m Abstand eingelegt. Die Stangen der beiden Hindernisse an den langen Seiten sind noch nicht eingelegt, so daß der Reiter zunächst noch die ganze Bahn ausnutzen kann. Je nachdem, in welchem Galoppsprung das Pferd landet, wird rechts oder links weitergaloppiert und in der Ecke durchpariert. Nach und nach wird es dem Reiter dann möglich sein, auf der geraden Linie nach dem Landen weich zu parieren.

Im nächsten Schritt wird erst die Oxerabsprungstange auf den Boden gelegt, dann ein Steilsprung und schließlich der Oxer aufgebaut. Die Gymnastikreihe sollte möglichst zügig hintereinander aufgebaut werden, da sie im Zusammenhang mit den anschließenden Einzelhindernissen noch häufiger überwunden wird, wodurch das Pferd dann die nötige Sicherheit bekommt.

Anschließend trabt der Reiter auf der rechten Hand auf dem 2. Hufschlag über die auf dem Boden liegende Stange und auf 2,20 m über einen kleinen Steilsprung. Das nächste Mal wendet er nach der Reihe links ab und trabt über eine Stange und auf 2,20 m über einen schmalen Oxer (anfangs die Ständer eng aneinander).

Zum Abschluß werden die einzelnen Übungen hintereinander absolviert: Der Reiter trabt von der linken Hand aus über die Reihe auf der Mittellinie, galoppiert rechts herum weiter (falls das Pferd im Linksgalopp landet, wechselt er über Trab den Galopp) und springt über die Stange, welche aus dem Galopp auf 3 m vom Steilsprung entfernt liegt.

Vor der Ecke wird durchpariert zum Trab, auf die Mittellinie abgewendet und nochmals die Reihe überwunden. Anschließend wird linksherum weitergaloppiert und über die Stange (3 m entfernt) und den Oxer gesprungen. Nach einer gelungenen Folge gönnt man dem Pferd eine Erholungsphase.

Bei dem links abgebildeten Aufbau liegt die Schwierigkeit im Geradehalten des Pferdes auf den Diagonalen.

Der Aufbau ist so weit vorbereitet, daß alle Ständer an den richtigen Stellen stehen und die dazugehörigen Stangen seitlich liegen. Die 3–4 Trabcavalettis stehen auf den Diagonalen, so daß sie in der Lösungsphase genutzt werden können.

Es wird mit einem Kreuz auf 2,20 m nach den Trabcavalettis begonnen. Der Reiter trabt durch die erste Diagonale, pariert wieder durch und geht dann eine lange Seite ganze Bahn, bevor er wieder auf die zweite Diagonale abwendet und ganze Bahn weitertrabt (Diagonale, ganze Bahn, Diagonale, ganze Bahn . . .). Schrittweise wird auf 6,00 m–6,30 m ein Steilsprung eingebaut und später ein Oxer.

Spätestens danach sollte der Reiter eine Schrittpause einlegen und das Pferd am hingegebenen Zügel verschnaufen lassen. In der Zwischenzeit kann ein Helfer einen Steilsprung und einen Oxer an der langen Seite aufbauen. Es kommt ganz darauf an, wie sich das Pferd bis dahin anfühlt und die bisherigen Aufgaben bewältigt hat, ob der Reiter es für sinnvoll hält, noch ein tiefgestelltes Cavaletti oder eine auf dem Boden liegende Stange als Absprunghilfe auf 3 m davorzulegen oder noch einen Fang an die Einzelhindernisse zu stellen.

Bei einigen (vornehmlich schnell ermüdenden) Pferden kann man die Trabcavalettis auch reduzieren auf ein Cavaletti als Absprungerleichterung. Ein seitliches Vor-

Die unerfahrene 4jährige Trakehner Stute La Dique von Kostolany unter Andreas Busacker trabt über die Cavalettis …

… springt über das Kreuz, …

beilaufen wird dadurch verhindert, daß die zweiten Hindernisse von allen Seiten eingerahmt sind.

Zum Abschluß erfolgt nun die Aneinanderreihung der einzelnen Übungen als Folge:

Der Reiter wendet aus dem Trab von der linken Hand ab auf die Diagonale, trabt über die Cavalettis und das Kreuz und springt nach einem Galoppsprung über den Steilsprung. Er galoppiert auf gerader Linie im Rechtsgalopp weiter (wechselt eventuell den falschen Galopp) und galoppiert über die Mitte des Steilsprungs an der langen Seite. Danach pariert er sein Pferd durch zum Trab, wendet auf die Diagonale ab, trabt über die Cavalettis und das Kreuz und springt nach einem Galoppsprung über den Oxer. Das Pferd sollte im Linksgalopp weitergaloppieren und an der langen Seite gerade über den Oxer springen. Ist die Folge gut gelungen, schließt man eine Erholungsphase an.

Der Reiter sollte darauf achten, daß das Pferd rhythmisch galoppiert und vor allem vor, über und nach dem Hindernis gerade bleibt. Wird das Pferd heftig und eilig im Galopp, sollte der Reiter einen Zirkel oder eine Volte reiten.

Genau wie bei dem vorherigen Aufbau kann bei Bedarf auch ein Teil der gesamten Übung im Anschluß wiederholt werden, bis das Pferd losgelassen und vertrauensvoll die Hindernisse überwindet.

Die erste Erweiterung der bisher dem Pferd bekannten Gymnastikreihe auf mehrere Hindernisse hintereinander (siehe rechts) wird entweder neben dem Hufschlag oder in der Mitte der Bahn aufgebaut. Der Aufbau neben dem Hufschlag bietet den Vorteil, daß das Pferd einerseits noch eine einseitige Begrenzung hat, andererseits aber außen herum die ganze Bahn noch gut genutzt werden kann.

Steht der Aufbau in der Mitte, so kann man den Anreiteweg von beiden Händen wählen und anschließend beliebig auf beiden Händen weiterreiten. Der Einzelsprung sollte von beiden Händen zu reiten sein (man benötigt also 4 Stangen für den

… macht einen Galoppsprung …

… und springt über den Oxer.

Gymnastikreihe (unter anderem auch zur Schulung des Springsitzes geeignet)

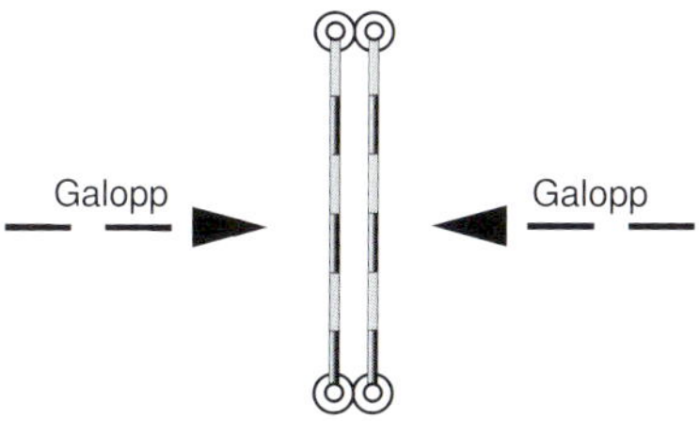

Oxer) und so aufgebaut werden, daß er auf einer freien Linie steht. Nach dem Lösen wird die Gymnastikreihe schrittweise aufgebaut, das heißt, die Hindernisse werden nacheinander ergänzt.

Springt das Pferd willig und gerade, sollte die Reihe möglichst nach ein- bis zweimaligem Absolvieren ergänzt werden, so daß das Pferd immer wieder vor neue Situationen gestellt wird.

Die Abstände auf einen Galoppsprung werden der Galoppsprunglänge des Pferdes angepaßt, damit es unverkrampft und losgelassen springen kann. Es soll sich auf die vier hintereinander stehenden Hindernisse konzentrieren können, ohne gleichzeitig seinen Galoppsprung verändern zu müssen. Deswegen sind die Abmessungen nur als grobe Richtschnur zu verstehen.

Bleibt das Pferd einmal vor einem Sprung stehen oder versucht auszubrechen, überwindet man den Sprung aus der

Durch das zügige Ergänzen der einzelnen Elemente einer Reihe wird selbst das erfahrene Pferd vor immer neue und abwechslungsreiche Aufgaben gestellt.

Unten: Eine Stange auf dem Boden zwischen zwei Hindernissen erzieht das Pferd zum rhythmischen Galoppieren.

In-and-Out zu Beginn einer Gymnastikreihe

Wendung nochmals allein, um anschließend die gesamte Reihe zu wiederholen.

Es gibt Pferde, die plötzlich Probleme haben, mehrere Sprünge hintereinander zu koordinieren. Dann ist es zwecklos, sie durch häufiges Wiederholen daran gewöhnen zu wollen. Sinnvollerweise macht man eine kurze Pause, in der das Pferd abschalten kann, und beginnt dann noch einmal mit einer vereinfachten Reihe, bevor man schließlich die volle Sprungfolge wiederholt.

Wird ein Pferd zu heftig, kann man dadurch abbremsen, daß man in der Mitte zwischen den einzelnen Hindernissen eine Stange auf den Boden legt.

In-and-Outs

In-and-Outs sind kleine Hindernisse, die keinen Galoppsprung zwischen sich zulassen; das Pferd muß nach dem Landen sofort wieder energisch abspringen. Wenn das Pferd in der Lage ist, sich mit tiefer Einstellung und schwingendem Rücken losgelassen zu bewegen, können In-and-Outs in das Training mit eingebaut werden. Obwohl sie die Rückentätigkeit des Pferdes verbessern können und eine wert-

Diese In-and-Out-Gymnastikreihe (vgl. Zeichnung unten) wird schrittweise aufgebaut, um das Pferd mit dem kompletten Aufbau nicht zu überfordern.

In-and-Out-Gymnastikreihe bestehend aus 5 Hindernissen und 3 auf dem Boden liegenden Stangen

Oben: In-and-Out-Gymnastikreihe komplett aufgebaut – konzentriert springendes Pferd

Springt das Pferd nicht gerade über die Mitte, sondern wie auf dem linken Bild nach rechts, sollte es durch eine In-and-Out-Reihe aus Kreuzsprüngen dazu erzogen werden, immer in der Mitte zu springen.

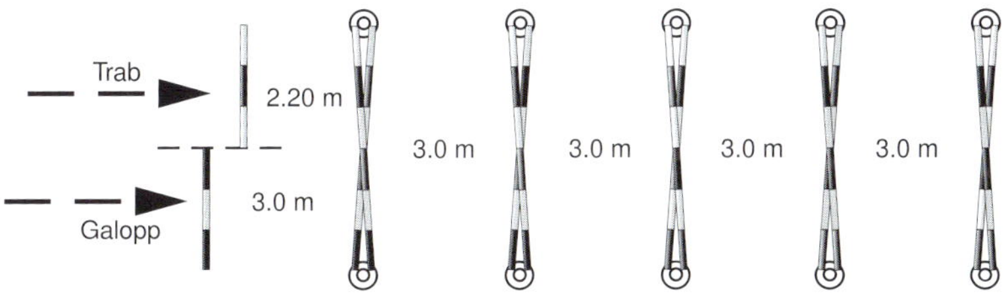

In-and-Out-Gymnastikreihe mit Kreuzsprüngen

volle Gymnastizierung bieten, muß man vor Überforderungen warnen. Eine Überanstrengung des Pferdes kann die Folge von zu hoch gebauten und zu oft überwundenen In-and-Outs sein.

Man kann entweder mit zwei hochgestellten Cavalettis oder mit Kreuzen das Pferd heranführen. Zur Absprungerleichterung legt man ein tiefes Cavaletti oder eine Stange auf 2,20 m vor das erste Bodenrick und 3 m–3,30 m dahinter das zweite. Die Folge läßt sich beliebig erweitern, sobald das Pferd das Prinzip kennengelernt hat. Diese In-and-Outs lassen sich sinnvoll in unterschiedlichste Gymnastikreihen einbauen.

Eine In-and-Out-Gymnastikreihe erfordert vom Pferd höchste Konzentration und Geschicklichkeit. Deswegen sollten die einzelnen Hindernisse niedrig und möglichst gleichhoch aufgebaut werden. Ist eine Folge gut überwunden, wird das nächste Element hinzugefügt, so daß das Pferd stets neu aufpassen muß.

Der Reiter sollte aus der Wendung im Trab anreiten, so daß das Pferd durch den Anblick der vielen Stangen nicht irritiert wird.

Eine weitere In-and-Out-Variante läßt sich mit Kreuzen aufbauen. Kreuze haben den Vorteil, daß sie das Pferd dazu erziehen, über die Mitte des Hindernisses zu springen.

Die möglichen Aufbauvarianten sollten vom Pferd abhängig gemacht werden.

Entweder man beginnt mit einer Stange und einem Kreuz und baut die weiteren Kreuze schrittweise auf, …

… oder man legt die jeweiligen Kreuzstangen auf den Boden und erhöht diese nacheinander.

Man kann mit der Stange auf dem Boden und einem Kreuz auf 2,20 m dahinter beginnen und nach und nach die weiteren Kreuze aufbauen. Eine zweite Möglichkeit besteht darin, alle Stangen zunächst an der richtigen Stelle auf den Boden zu legen und diese nach und nach zu Kreuzen zu erhöhen. Zum Handwechsel wird das Cavaletti auf 2,20 m vor das letzte Kreuz gestellt, so daß die Reihe auch von der anderen Seite angeritten werden kann.

Die Anforderungen kann man dadurch erhöhen, daß man die Stange auf 3 m vorrollt und aus dem Galopp anreitet. Die Abstände werden dadurch für das Pferd enger, und es muß vermehrt unter den Schwerpunkt springen und kraftvoller abdrücken. Ob der Reiter diese Übung nun mit 5 Kreuzen anfängt oder für das jüngere Pferd 3 ausreichen, muß er individuell entscheiden. Mehr als 5 In-and-Outs würde ich wegen der Gefahr der Überlastung nicht empfehlen.

Es gibt unendlich viele verschiedene Konstellationen von Gymnastikreihen. Die Zusammenstellung eines sinnvollen Aufbaus, welcher In-and-Outs sowie Abstände von einem Galoppsprung oder zwei Galoppsprüngen zwischen den Hindernissen berücksichtigt, ist vom Reiter und Pferd abhängig bzw. von dem Ziel, das man als Ausbilder erreichen will. Gymnastikreihen eignen sich u. a. auch dazu, die Sitzschulung des Reiters zu fördern und/oder Probleme des Pferdes zu beseitigen (vgl. Kapitel »Typische Fehler und Korrekturvorschläge«).

Natürlich kann man einige springgymnastische Übungen auch im Galopp anreiten, und zwar dann, wenn sie von Reiter und Pferd im Trab sicher beherrscht werden. Zur Veranschaulichung möchte ich an dieser Stelle zwei Beispiele geben (siehe unten).

Auf eine gezielte Technikschulung möchte ich in diesem Zusammenhang nicht eingehen, sondern zunächst eine solide Basis für die weitere Ausbildung vermitteln.

Die Fortsetzung des Trainings wird im Springteil der »Grundausbildung des jungen Reitpferdes« beschrieben, welches ebenfalls neu überarbeitet wird.

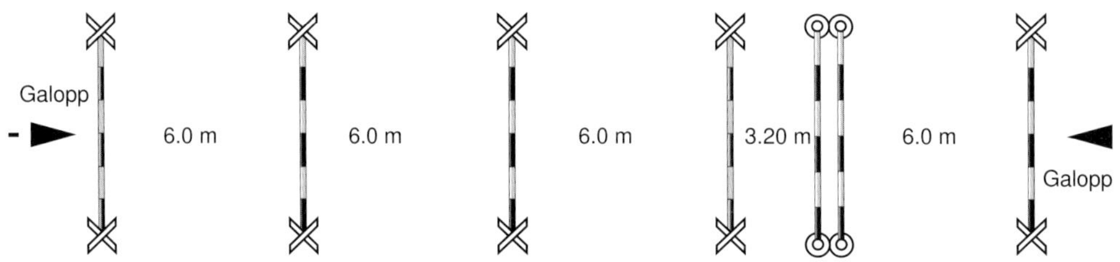

Gymnastikreihen – beidseitig aus dem Galopp anzureiten

Oben: Cavaletti-Reihe zur Rhythmusschulung
Unten: Reihe, die Aufmerksamkeit und Konzentration erfordert.

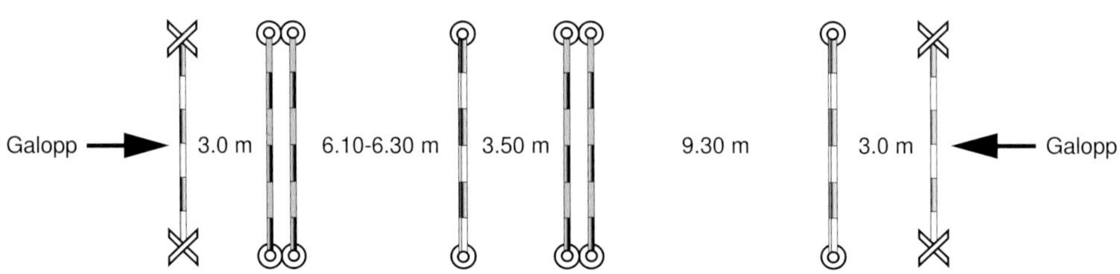

Das gleichmäßige Galoppieren über Cavalettis vor einem Oxer erzieht Reiter und Pferd zu Rhythmus.

Harmonisches Überwinden eines Oxers aus dem Galopp (Abendsee, 6jähriger westfälischer Wallach von Aponti unter Ingrid Klimke)

Typische Fehler und Vorschläge zur Korrektur

Fehler:
Das Pferd wird nach dem letzten Sprung heftig, rennt oder bockt los.

Korrektur:
Nach der Landung weiche Verbindung aufnehmen und mit Stimme parieren (wenn das Pferd bockt, den Pferdekopf

oben behalten und sicherheitshalber den eigenen Oberkörper genügend zurücknehmen). Man sollte das Abwenden auf einen Zirkel und/oder eine Volte zu Hilfe nehmen. Meiner Meinung nach ist die manchmal praktizierte Vollbremsung vor der Bande nur eine Notlösung, da die Pferde dadurch verunsichert werden.

Nicht zu hart und grob mit der Hand parieren. Hat das Pferd nach dem Sprung Angst vor der Hand, weil es beim Parieren schon Schmerzen im Maul empfunden hat, wird es sich bereits über dem Sprung verkrampfen.

Folgende Übung hilft dem Reiter, sein Pferd nach dem Sprung zu kontrollieren:

Armen so weit hinter dem Sprung steht, daß der Reiter vor ihr zum Halten parieren kann.

Fehler:
Das Pferd wird vor der Reihe zu eilig.

Korrektur:
Aus der Wendung das erste Element der Reihe anreiten, 3–4 Cavalettis in die Wendung legen, so daß das Pferd sich auf das sichere Abfußen konzentrieren muß. Der Reiter wendet einige Male ab, ohne

Zwei Cavalettis in Anlehnung an die Bande

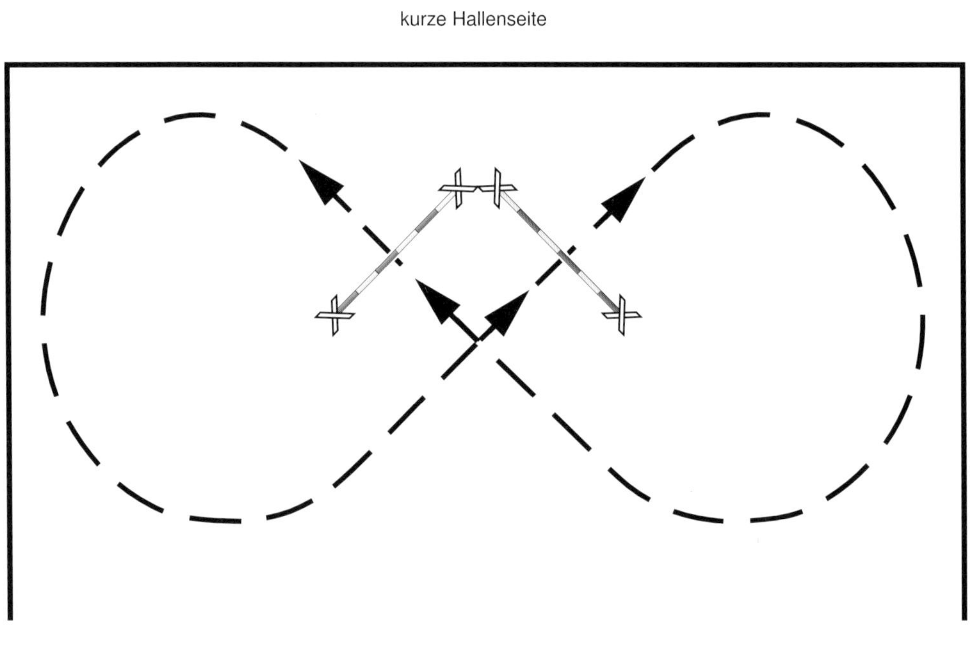

Der Reiter trabt über ein kleines Hindernis (etwa ein Cavaletti) auf die Bande zu und bleibt so lange auf der Acht, bis das Pferd sich aufgrund der äußeren Begrenzung weich durchparieren läßt.

Eine Alternative liegt in der Hilfe durch eine zweite Person, die mit ausgestreckten

anzureiten, oder pariert durch zum Halten, richtet eine Pferdelänge rückwärts und wendet wieder ab. Er muß das Pferd ablenken und beschäftigt halten. Steht eine Hilfsperson vor dem ersten Hindernis, wird die ganze Parade noch einfacher für das Pferd.

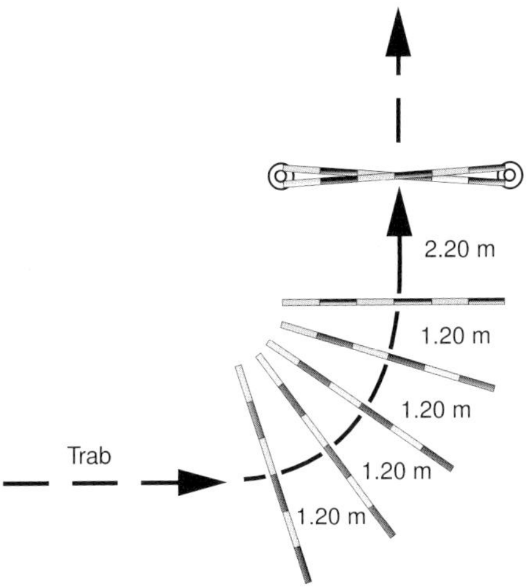

Trabstangen in Wendung vor Gymnastikreihe

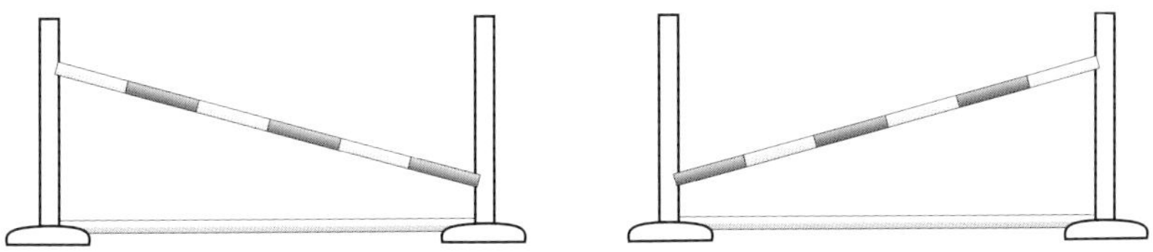

Schräg eingehängte Stangen innerhalb einer Gymnastikreihe erhöhen die Aufmerksamkeit des Pferdes.

Fehler:
Das Pferd wird zu schnell und eilig innerhalb der Reihe.

Korrektur:
Die Hilfsperson geht zwischen den einzelnen Hindernissen (möglichst vor dem letzten) auf und ab, so daß das Pferd auf die Person aufmerksam wird und das Eilen vergißt.

Fehler:
Das Pferd wird flach, unvorsichtig und unaufmerksam.

Korrektur:
Die obere Stange wird schräg eingehängt, und zwar unterschiedlich schräg zur einen oder anderen Seite.

Das Pferd muß dann wieder genauer hingucken, um keinen Fehler zu machen. Zusätzlich kann ein Helfer hinter dem letzten Hindernis auf und ab gehen. Bei erfahreneren Pferden können auch die Absprungerleichterungen entfernt werden.

Macht das Pferd einen Fehler, braucht sich der Reiter nicht zu beunruhigen. Das Pferd wird daraus lernen und anschließend vorsichtiger und aufmerksamer springen. Es muß aus Fehlern lernen.

Fehler:
Das Pferd bricht immer zu einer Seite aus, zum Beispiel nach links.

Korrektur:
Die linke Hand am Mähnenkamm aufsetzen, die Gerte in die linke Hand nehmen und mit der rechten Hand seitlich das Pferd nach rechts wenden. Das Pferd vor den Sprung stellen, 1 x strafen (Gerte) und 1 x rechtsherum wenden und noch einmal

Zwei auf dem Boden liegende Stangen bilden eine Gasse.

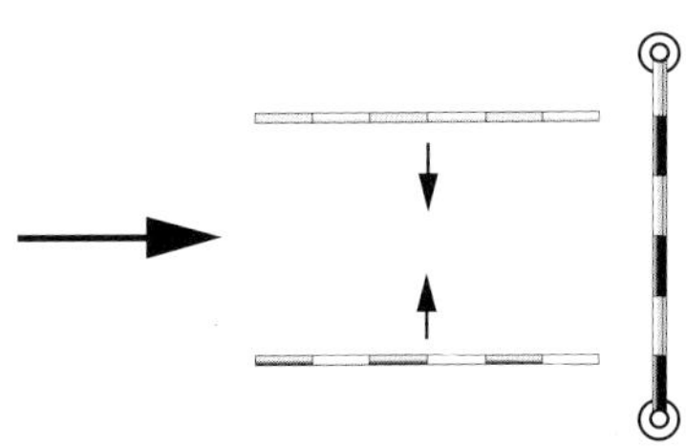

aus der Rechtswendung kommen. Konsequent durchsetzen!

Fehler:
Das Pferd schwankt beim Anreiten vor dem Hindernis.

Korrektur:
Man bildet mit zwei Stangen senkrecht zum Hindernis eine Gasse.
Damit das Pferd durch die Stangen nicht irritiert wird, legt man sie anfangs breit auseinander. Hat sich das Pferd an die Gasse gewöhnt, wird sie nach und nach schmaler, so daß das Pferd gerade die Mitte des Hindernisses anziehen muß.

Fehler:
Das Pferd springt schief und landet neben der Mitte des Hindernisses.

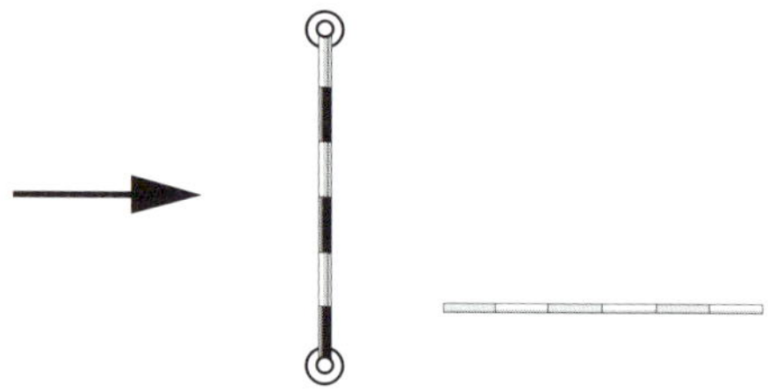

Eine Stange nach dem Hindernis verhindert das Schrägspringen zu einer Seite.

Am Anfang ist die Gasse so breit wie das Hindernis, danach kann sie schmaler gemacht werden (Rochelle, 5jährige Westfalenstute von Rubinstein, unter Svenja Kaese).

Das Pferd kann nicht nach links ausweichen.

Korrektur:

Eine Stange wird im rechten Winkel zum Hindernis hinter dem Sprung auf den Boden gelegt. Damit das Pferd bei der Landung nicht auf die Stange tritt, muß diese weit genug hinter dem Sprung liegen. Das Pferd sollte möglichst den ersten Galoppsprung nach der Landung parallel zur Stange machen.

Zwei Stangen erziehen das Pferd zum geraden Springen.

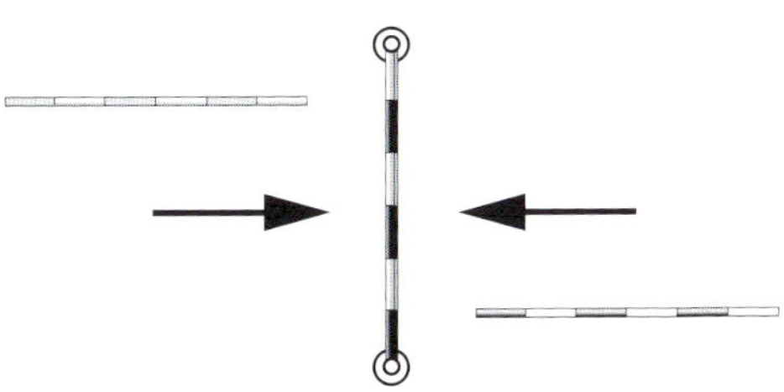

Beispiel:

Das Pferd driftet über dem Hindernis immer nach links und landet links von der Mitte. Dann muß die Stange 2–3 m hinter dem Sprung links von der Mitte liegen. Vorsicht, anfangs sollte sie auf Hindernisbreite liegen und allmählich Richtung Mitte gerollt werden!

Das Pferd sollte deswegen gerade landen, damit die Bascule am Sprung gut ist. Wendet es schon über dem Sprung, kann es schnell zum Fehler kommen.

Entweder legt man die seitlichen Stangen zwischen die Hindernisse in der Gymnastikreihe, oder man korrigiert das Schiefspringen am Einzelsprung:

Vor und hinter dem Sprung liegt seitlich jeweils eine Stange. Man reitet die Mitte des Steilsprunges in gerader Linie aus dem Galopp an, galoppiert danach gerade, wendet und kommt gerade zurück von der anderen Hand.

Eine weitere Möglichkeit bietet die Gasse vor und nach dem Sprung. Das Pferd wird dazu erzogen, vor, über und nach dem Hindernis schnurgerade zu bleiben.

Ausgeprägte Grundlinie am Steilsprung und zwei auf dem Boden liegende Stangen

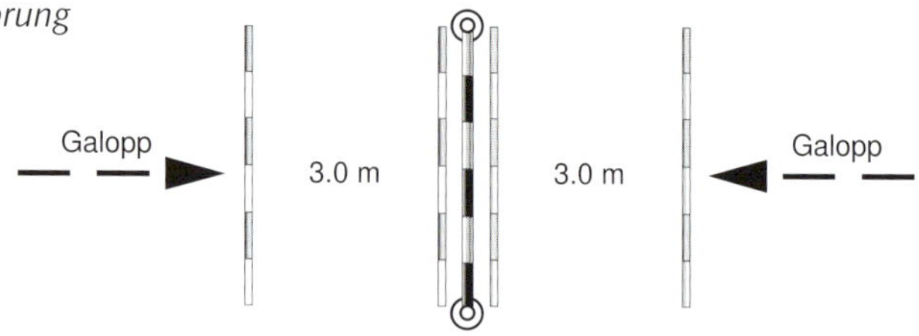

Fehler:
Dem Pferd fällt es schwer, den sicheren Absprung zu taxieren.

Korrektur:
Vor einem Steilsprung wird die Grundlinie vorgezogen (mindestens Ständerbreite).

Das Pferd hat es leichter, sich auf die Grundlinie zu konzentrieren und eine bessere Kurve am Sprung zu machen.

Sicheres Taxieren des Hindernisses und mit einem gewaltigen Satz über die dahinterliegende Stange

Eine weitere Hilfe bietet die Absprungstange 3–3,20 m vor dem Hindernis. Kommt das Pferd nicht im passenden Galoppsprung an die Stange, paßt trotzdem der Absprung.

Legt man eine Stange auf 3 m hinter den Sprung, schaut das Pferd über dem Sprung besser auf die Landestelle und wird nicht nach dem Sprung losstürmen. Diese Übung läßt sich auch gut von beiden Seiten aus dem Galopp anreiten.

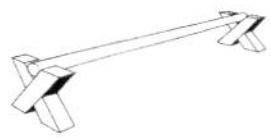

Die aufgeführten Beispiele sollen dem Leser die Vielfalt der Variationen und die Breite der Verwendungsmöglichkeiten vor Augen führen und ihn dazu anregen, für jeden Reiter und für jedes Pferd den jeweiligen individuellen Bedürfnissen entsprechend die richtigen Übungen zusammenzustellen. Dabei sollte man sich Sinn und Zweck der ausgewählten Übung vorher genau überlegen. Die Durchführung sollte dann von Ruhe und Konsequenz geprägt sein, wobei dem »Loben« der größte Stellenwert einzuräumen ist.

Ich hoffe, daß ich mit meinen Tips und Anregungen möglichst vielen Reitern und Ausbildern die Vorzüge der Springgymnastik nähergebracht habe, damit sie häufiger als bisher als wertvolle Abwechslung – insbesondere für die Pferde – in die Tagesarbeit eingebaut werden.

Ausbildungspläne

Ausbildungspläne

Den Ausbildungsplänen sei vorausgeschickt, daß sie im Grunde genommen nichts anderes sind als Anregungen für ein zusammenhängendes Training. Sie sollen keine fertige Gebrauchsanweisung darstellen, zumal sie sich nur auf ein Teilstück der Ausbildung, nämlich auf die Arbeit mit Cavalettis und Springgymnastik, beziehen und alles weitere lediglich am Rande mit erwähnt wird. Letztlich entscheidet immer die individuelle Veranlagung über das, was im Einzelfall verlangt werden kann.

Trotzdem gibt es einige Grundsätze, die von allen beachtet werden müssen, falls die Ausbildung Erfolg haben soll. Sie sind es, worauf die folgenden Pläne hauptsächlich aufgebaut sind und die dem Reiter Anhaltspunkte für ein systematisches Vorgehen vermitteln sollen.

Ich gehe davon aus, daß ein Großteil der Reiter zwischen Sommer- und Wintertraining unterscheidet. Im Sommer reiten viele Reiter auf Turnieren und im Gelände spazieren, während die eigentliche Ausbildung mehr in den Wintermonaten stattfindet.

Für diese Monate sind die Pläne in erster Linie gedacht. Sie umfassen einen Zeitraum von jeweils vier bis sechs Wochen. Für die einzelne Reitstunde sei hinzugefügt, daß es auch hier Gesetzmäßigkeiten gibt, auf die der Reiter Rücksicht zu nehmen hat. Jede Ausbildungsstunde soll aus drei Abschnitten bestehen: dem Lösen, dem Trockenreiten und dem dazwischenliegenden Üben von Lektionen. Das Lösen vor der Cavaletti-Arbeit dauert normalerweise 10–15 Minuten. Die genaue Länge richtet sich nach der Gehlust, dem Gebäude, Alter, Temperament und Gerittensein des Pferdes. Das Trockenreiten im Schritt möglichst mit hingegebenen Zügeln dient gleichzeitig zur Beruhigung der Nerven und soll die zufriedene Rückkehr des Pferdes in den Stall gewährleisten. Seine Dauer kann mit rund 10 Minuten angegeben werden.

In den mittleren Teil der Stunde gehört die Arbeit mit Cavalettis.

Vier- bis Sechswochenplan für die Grundausbildung

(Pferde im zweiten Ausbildungsjahr)

Die Grundausbildung eines Reitpferdes soll so umfassend sein, daß sie alle Zweige der Reiterei mit berücksichtigt. Sie erstreckt sich deshalb auf alle Anforderungen, die im Rahmen einer Eignungsprüfung auf Turnieren gestellt werden. Man hüte sich vor zu früher Spezialisierung und bedenke, daß der Weg zur Spitzenleistung am einfachsten und sichersten über eine möglichst vielseitige Grundausbildung führt.

Erste Woche

Leitgedanke:
Gewöhnung an die Arbeit mit Bodenricks im Schritt und Trab sowie Basisübungen aus der Springgymnastik

Montag:

Trainingsfrei. Das Pferd soll aber nicht ununterbrochen im Stall bleiben, sondern mindestens 30 Minuten geführt werden. Wenn möglich sind Weidegang, Spazierenreiten, Freilaufenlassen in der Bahn oder auf dem Paddock willkommene Erholung für das Pferd.

Dienstag:

① Mit Cavaletti-Arbeit ohne Reiter anfangen, Dauer: ca. eine halbe Stunde, entweder: freilaufend, bestehend aus Phase 1 und 2 (vgl. Seite 24 bis 25) – 15 Minuten, Phase 3 (vgl. Seite 26 f.) – 15 Minuten, oder: an der Longe, bestehend aus Phase 1 und 2 (vgl. Seite 30 und 32) – 15 Minuten, Phase 3 (vgl. Seite 32 f.) – 15 Minuten.

② Anschließend etwa 10 Minuten Reiten über Cavalettis im Schritt (vgl. Seite 39 ff.).

③ Zum Schluß noch ein wenig Dressur und dann Trockenreiten.

Mittwoch:

① Etwa eine Viertelstunde lösen im Schritt, Trab und Galopp auf beiden Händen.

② Danach ca. 20 Minuten Cavaletti-Arbeit unter dem Reiter auf geraden Linien, zuerst im Schritt, beginnend mit einem Rick (vgl. Seite 39), dann im Trab (vgl. Seite 47 bis 62), dazwischen 5 Minuten Pause.

③ Einige Dressurlektionen und Trokkenreiten.

Donnerstag:

Keine Cavaletti-Arbeit; entweder (je nach Wetter) im Gelände spazierenreiten oder eine Stunde Dressur mit möglichst wenig Anstrengung für das Pferd.

Freitag:

① 5–10 Minuten lösen.

② Eine knappe halbe Stunde Cavaletti-Arbeit unter dem Reiter auf geraden Linien zuerst im Schritt, mit Erweitern der Abstände für Mittelschritt (vgl. Seite 40 bis 43), danach im Trab, gegen Ende über vergrößerte Abstände (vgl. Seite 57), dazwischen 5 Minuten Pause.

③ Einige Dressurlektionen im Galopp oder Galoppieren im leichten Sitz auf beiden Händen; anschließend einige Sprünge aus dem Trab und Galopp auf geraden Linien. Trockenreiten.

Samstag:

Wie Donnerstag.

Sonntag:

Entweder (je nach Wetter) Geländereiten mit Springen über kleine natürliche Hindernisse, Klettern, ruhiges Galoppieren auf ebenem Boden.

Oder in der Reitbahn: Lösen; einige Dressurlektionen zur Verbesserung der Durchlässigkeit; danach Galoppieren im leichten Sitz auf beiden Händen; anschließend einige Sprünge aus dem Trab und Galopp.

Zweite Woche

Leitgedanke:
Festigung des in der ersten Woche Gelernten

Montag:

Trainingsfrei.

Dienstag:

① Eine gute Viertelstunde lösen, ab und zu im Schritt mit hingegebenem Zügel über Cavalettis auf geraden Linien.

② Etwa 20 Minuten im Schritt und Trab über Cavalettis auf geraden Linien; soweit möglich, gleich mit mehreren Cavalettis beginnen.

③ Einige Dressurlektionen im Galopp und Trockenreiten.

Mittwoch:

Wie Donnerstag der ersten Woche.

Donnerstag:

① Etwa eine Viertelstunde lösen.

② Eine knappe halbe Stunde Cavaletti-Arbeit unter dem Reiter auf geraden Linien im Schritt und Trab, mit Zwischentritt (vgl. Seite 56) und mit erweiterten Abständen (vgl. Seite 57); zwischendurch je eine Pause von knapp 5 Minuten.

③ Ein wenig Dressur oder Galoppieren im leichten Sitz auf beiden Händen; anschließend einige Sprünge aus dem Trab und Galopp auf geraden Linien. Trockenreiten.

Freitag:
Wie Donnerstag der ersten Woche.

Samstag:
① Entweder Freispringen oder Cavaletti-Arbeit ohne Reiter, freilaufend oder an der Longe, oder wie Donnerstag der zweiten Woche.
② Dressur.
③ Trockenreiten.

Sonntag:
Wie Sonntag der ersten Woche oder wie Donnerstag der zweiten Woche.

Dritte Woche

> **Leitgedanke:**
> *Gewöhnung an die Arbeit mit Bodenricks im Galopp und Basisübungen aus der Springgymnastik*

Montag:
Trainingsfrei.

Dienstag:
Wie Dienstag der zweiten Woche.

Mittwoch:
① Etwa eine Viertelstunde lösen.
② Eine knappe Viertelstunde Cavaletti-Arbeit im Trab auf geraden Linien.
③ Etwa 8 Minuten galoppieren im leichten Sitz auf beiden Händen; anschließend Basisübungen auf geraden Linien aus der Springgymnastik.
④ Trockenreiten.

Donnerstag:
Wie Donnerstag der ersten Woche.

Freitag:
① Etwa eine Viertelstunde lösen.
② Einige Dressurlektionen zur Verbesserung der Durchlässigkeit.
③ Basisübungen aus der Springgymnastik.
④ Trockenreiten.

Samstag:
Wie Donnerstag der ersten Woche.

Sonntag:
① Etwa eine Viertelstunde lösen, dabei ab und zu im Schritt mit hingegebenen Zügeln über Cavalettis auf geraden Linien.
② Etwa 10 Minuten galoppieren im leichten Sitz auf beiden Händen mit Schrittpause nach 5 Minuten.
③ Basisübungen aus der Springgymnastik auf geraden Linien.
④ Trockenreiten.

Vierte Woche

> **Leitgedanke:**
> *Festigung des in der dritten Woche Gelernten*

Montag:
Trainingsfrei.

Dienstag:
Keine Cavaletti-Arbeit; Dressurreiten mit längerem Lösen.

Mittwoch:
Wie Mittwoch oder Freitag der dritten Woche.

Donnerstag:
Wie Dienstag.

Freitag:
Wie Sonntag der dritten Woche.

Samstag:
Je nach Wetter Geländereiten oder Dressur.

Sonntag:
① Eine Viertelstunde lösen.
② Entweder Basisübungen aus der Springgymnastik mit Cavalettis, Stangen und einzelnen Hindernissen oder Parcoursspringen.
③ Trockenreiten.

Fünfte Woche

Keine Cavaletti-Arbeit; vermehrtes Dressurreiten und nach Möglichkeit häufig ins Gelände gehen.

Sechste Woche

Wiederholung der wichtigsten Übungen aus den ersten vier Wochen ohne weitere Erhöhung der Anforderungen.

Nach der sechsten Woche sollte erreicht sein, daß das Pferd mit allen grundlegenden Cavaletti-Übungen auf geraden Linien einschließlich der Springgymnastik völlig vertraut ist. Von der siebten Woche an werden dann abwechselnd diejenigen Aufgaben ausgesucht, die für die jeweils angestrebten Ausbildungsziele in Frage kommen. Nun kann auch die Arbeit auf gebogenen Linien zu Hilfe genommen werden.

Es dürfte nun nicht mehr schwierig sein, aufgrund der Erfahrungen der ersten sechs Wochen selbständig weiterzuarbeiten.

Probleme werden im Laufe der Ausbildung ständig auftauchen, das ist ganz normal. Sie lassen sich in den häufigsten Fällen dadurch lösen, daß man zu einfachen Übungen zurückkehrt und die Anforderungen erst langsam wieder steigert, wenn diese Basisübungen zufriedenstellend bewältigt werden.

Vier- bis Sechswochenplan für ein Dressurpferd

Dieser Plan geht davon aus, daß die Grundschule erfolgreich beendet wurde. Er beschränkt sich wiederum allein auf die Arbeit mit Cavalettis innerhalb des Systems der Gesamtausbildung. Welche sonstigen Anforderungen gestellt werden können, richtet sich auch nach dem Rittigkeitsgrad des Dressurpferdes selbst. Insofern gilt das, was in jedem guten Dressurlehrbuch über den stufenweisen Aufbau der Dressurlektionen geschrieben steht.

Erste Woche

Montag:
Trainingsfrei.

Dienstag:
① Etwa 20 Minuten lösende Übungen auf beiden Händen in allen drei Grundgangarten, dabei zum Schluß im Trab und Schritt über Cavalettis auf geraden Linien.
② Übungen zur Verbesserung der Durchlässigkeit, dabei einige Male durchparieren und im Schritt am langen Zügel über Bodenricks, um die Reinheit des Schritt-Taktes zu erneuern.
③ Vorwärtsreiten, vorwiegend im Trab.
④ Trockenreiten.

Mittwoch:
Keine Cavaletti-Arbeit.

Donnerstag:
Cavaletti-Arbeit im Trab, zum Schluß über erweiterte Abstände zur Verbesserung von Schwung und Raumgriff der Bewegungen (vgl. Seite 57 bis 58).

Freitag:
Keine Cavaletti-Arbeit.

Samstag:
Keine Cavaletti-Arbeit, allenfalls im Schritt mit hingegebenen Zügeln während des Lösens oder Cavaletti-Arbeit freilaufend (vgl. Seite 57 bis 59) oder Freispringen.

Sonntag:
Aufgabenreiten oder Reiten von Lektionenfolgen aus Aufgaben.

Zweite Woche

Montag:
Trainingsfrei.

Dienstag:
Keine Cavaletti-Arbeit.

Mittwoch:
Cavaletti-Arbeit im Schritt über verkürzte Abstände zur Verbesserung des versammelten Schritts (vgl. Seite 43 bis 46).

Donnerstag:
Keine Cavaletti-Arbeit.

Freitag:
Keine Cavaletti-Arbeit, allenfalls zum Lösen etwas Leichttraben über Cavalettis auf geraden Linien.

Samstag:
Cavaletti-Arbeit im Trab, zum Schluß im Aussitzen über verkürzte Abstände zur Verbesserung des Ausdrucks der Bewegungen (vgl. Seite 52).

Sonntag:
Aufgabenreiten oder Reiten von Lektionenfolgen aus Aufgaben.

Dritte Woche

Montag:
Trainingsfrei.

Dienstag:
1 Cavaletti-Arbeit freilaufend (vgl. Seite 24 bis 28).
2 Einige Dressurlektionen unter dem Reiter.
3 Trockenreiten.

Mittwoch:
Keine Cavaletti-Arbeit.

Donnerstag:
Keine Cavaletti-Arbeit, allenfalls im Schritt am hingegebenen Zügel während des Lösens.

Freitag:
Wie Donnerstag der ersten Woche.

Samstag:
Keine Cavaletti-Arbeit.

Sonntag:
Aufgabenreiten oder Reiten von Lektionenfolgen aus Aufgaben.

Vierte Woche

Montag:
Trainingsfrei.

Dienstag:
Wie Dienstag der ersten Woche.

Mittwoch:
Keine Cavaletti-Arbeit.

Donnerstag:
Cavaletti-Arbeit im Schritt, am Schluß erweiterte Abstände zur Verbesserung des Raumgriffs der Bewegungen (vgl. Seite 57).

Freitag:
Keine Cavaletti-Arbeit.

Samstag:
Wie Samstag der zweiten Woche.

Sonntag:
Aufgabenreiten oder Reiten von Lektionenfolgen aus Aufgaben.

Fünfte Woche

Keine Cavaletti-Arbeit; statt dessen Dressur und Auflockerung durch Spazierenreiten im Gelände (je nach Wetter).

Sechste Woche

Wiederholung der wichtigsten Übungen aus den ersten drei Wochen sowie einiger Aufgaben aus dem Plan für die Grundausbildung.

Je nach Bedarf kann auch die Arbeit mit Cavalettis auf gebogenen Linien einbezogen werden. Darüber hinaus ergeben sich Abweichungen immer dann, wenn das Übungsziel an einem Tag nicht erreicht wurde, so daß der nächste Tag zur Wiederholung benötigt wird. Wichtig ist ferner die aus dem Plan hervorgehende Beschränkung der Cavaletti-Arbeit auf zwei bis drei Tage in der Woche, um die Gefahr einer Überanstrengung auszuschalten.

Vier- bis Sechswochenplan für ein Springpferd

Vorausgesetzt wird wiederum die erfolgreiche Beendigung der Grundschule.

Erste Woche

Montag:
Trainingsfrei.

Dienstag:
① Längeres Lösen mit Cavaletti-Arbeit im Trab auf geraden Linien, Leichttraben.
② Galoppieren im leichten Sitz.
③ Einige Lektionen zur Verbesserung der Durchlässigkeit.
④ Trockenreiten.

Mittwoch:
① Lösen.
② Übungen zur Förderung der Durchlässigkeit.
③ Springgymnastik; zum Schluß ein bis zwei Einzelsprünge.
④ Trockenreiten.

Donnerstag:
Dressur oder (je nach Wetter) Spazierenreiten im Gelände.

Freitag:
Dressur und einige leichte Einzelhindernisse oder Distanzen aus dem Galopp springen.

Samstag:
(Je nach Wetter) Geländereiten mit Klettern und ruhigem Galoppieren auf ebenem Boden oder Dressur.

Sonntag:
Distanzen auf gerader und gebogener Linie.

Zweite Woche

Montag:
Trainingsfrei.

Dienstag:
① Lösen.
② Einige Lektionen zur Verbesserung der Durchlässigkeit.
③ Galoppieren im leichten Sitz über Cavalettis oder niedrige Hindernisse.
④ Trockenreiten.

Mittwoch:
Entweder Cavaletti-Arbeit, freilaufend, und anschließend Dressur
oder längeres Lösen; Cavaletti-Arbeit im Trab auf gebogenen Linien; Galopparbeit zur Verbesserung der Galoppade; Trockenreiten.

Donnerstag:
Springgymnastik.

Freitag:
Dressur.

Samstag:
Parcoursspringen.

Sonntag:
Trainingsfrei.

Dritte Woche

Montag:
Wie Dienstag der ersten Woche.

Dienstag:
Springgymnastik mit erhöhten Anforderungen.

Mittwoch:
Wie Dienstag der zweiten Woche.

Donnerstag:
Wie Donnerstag der ersten Woche.

Freitag:
Lösen; Cavaletti-Arbeit im Galopp und Springen über Kombinationen.

Samstag:
① Lösen.
② Galoppieren zur Förderung der Kondition auf beiden Händen mit Zwischenpause im Schritt.
③ Trockenreiten, dabei zur Beruhigung einige Male im Schritt mit hingegebenen Zügeln über Cavalettis auf geraden Linien.

Sonntag:
Ausschnitte aus einem Trainingsparcours mit bunten bzw. fremdartigen Hindernissen.

Vierte Woche

Montag:
Trainingsfrei.

Dienstag:
Entweder (je nach Wetter) längeres Lösen im Gelände und anschließend Dressur
oder wie Dienstag der ersten oder zweiten Woche.

Mittwoch:
Wie Mittwoch der ersten Woche.

Donnerstag:
Dressur.

Freitag:
Reiten von unterschiedlichen Distanzen auf gebogener Linie.

Samstag:
Wie Donnerstag der ersten Woche.

Sonntag:
Parcoursspringen auf einem fremden Platz.

Fünfte Woche

Vermehrtes Dressurreiten; vielleicht einmal Freispringen, Cavaletti-Arbeit, turniermäßige Hindernisse evtl. auf unterschiedlichen Plätzen.

Sechste Woche

Wiederholung der wichtigsten Übungen aus den ersten drei Wochen; Springen über Doppelsprünge und dreifache Kombinationen.

Aufbauvorschläge für Jugendreiten

Die Reitausbildung von Kindern und Jugendlichen verfolgt in erster Linie das Ziel, die Freude und Unbefangenheit im Umgang mit dem Pferd zu fördern. Ein losgelassener Sitz, der sich in die Bewegung einfühlt, verleiht auch im Gelände die nötige Sicherheit und ist die beste Grundlage für spätere Leistungen. Man hüte sich, das Augenmerk allein auf das Erlernen des Dressursitzes zu richten. Die Aufrichtung des Oberkörpers für diesen Sitz wird gerade im Anfangsstadium der Reitausbildung häufig falsch verstanden. Sie kann deshalb zu Steifheiten führen, zum übertrieben korrekten sogenannten Kommißsitz, der die nötige Eleganz und Elastizität vermissen läßt.

Dieser Entwicklung wird durch Reiten über Bodenricks begegnet. Hierbei kommt es vor allem darauf an, durch möglichst vielfältigen Aufbau die Aufmerksamkeit des Reiters auf die Erfüllung der gestellten Aufgabe zu lenken, so daß die Befangenheit und Verkrampfung unwillkürlich vergessen wird.

Diesem Zweck sind die vier hier gezeigten Aufbauvorschläge gewidmet. Sie sollen lediglich Anregung sein und zeigen, was sich mit einfachen Mitteln machen läßt. Jeder Aufbau läßt durch die Einbeziehung von Volten, Kehrtwendungen und Schlangenlinien eine Fülle von neuen Figuren zu, so daß letztlich keine Schwierigkeiten auftauchen dürften, wenn es darum geht, Abwechslung zu schaffen. Natürlich bleibt es jedem einzelnen überlassen, sich weitere Möglichkeiten auszudenken.

Aufbauvorschläge für Jugendreiten

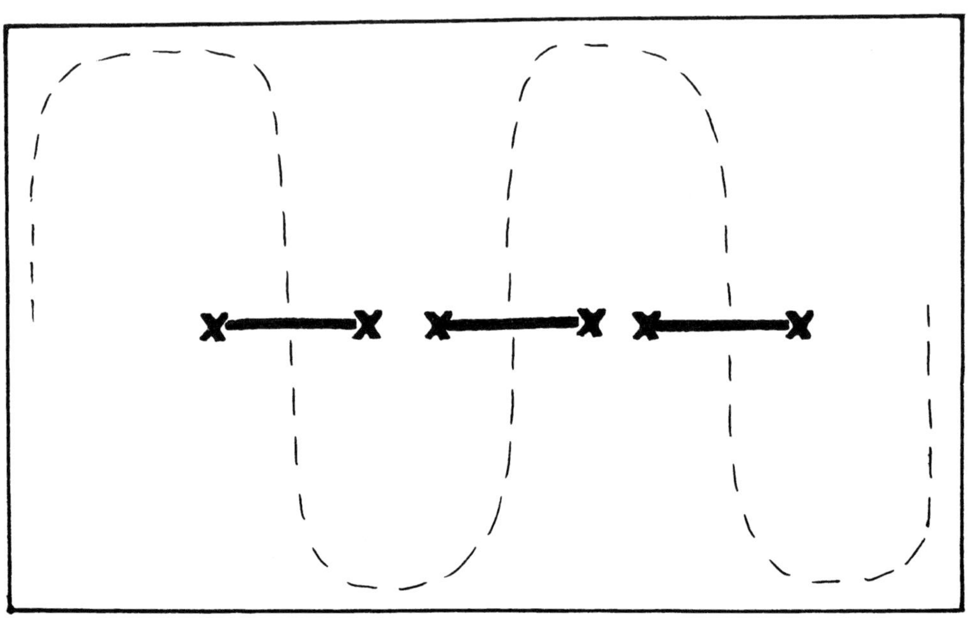

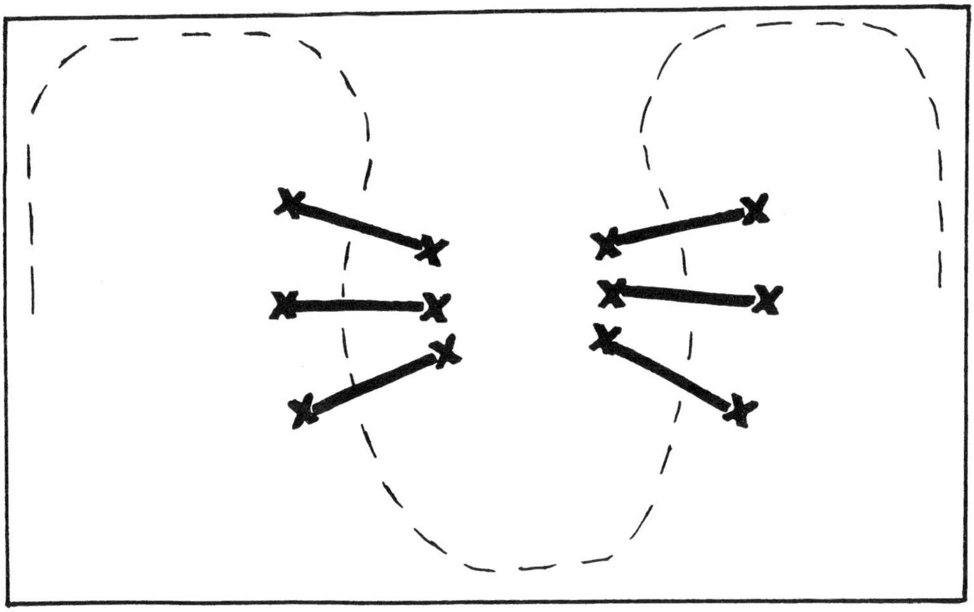

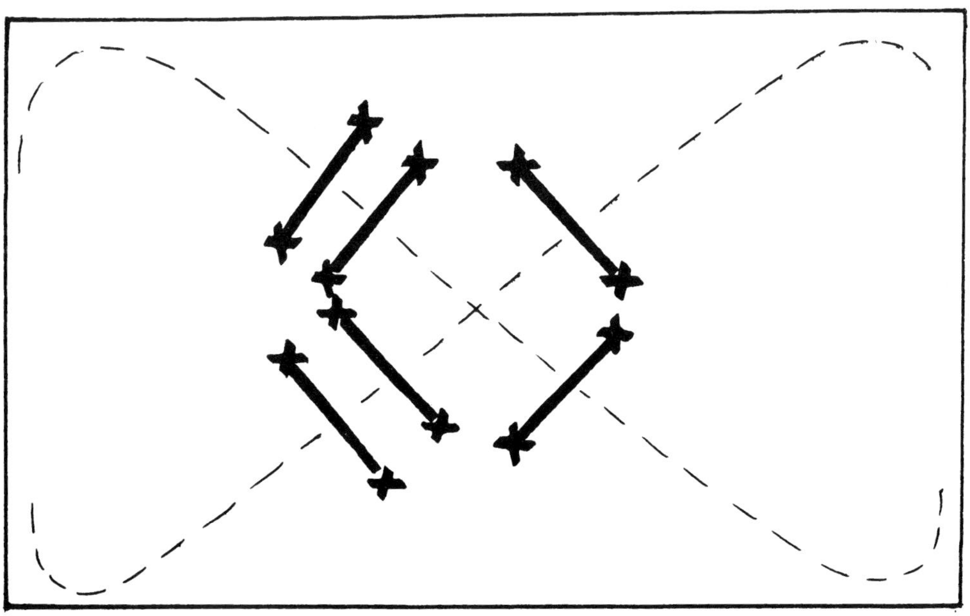

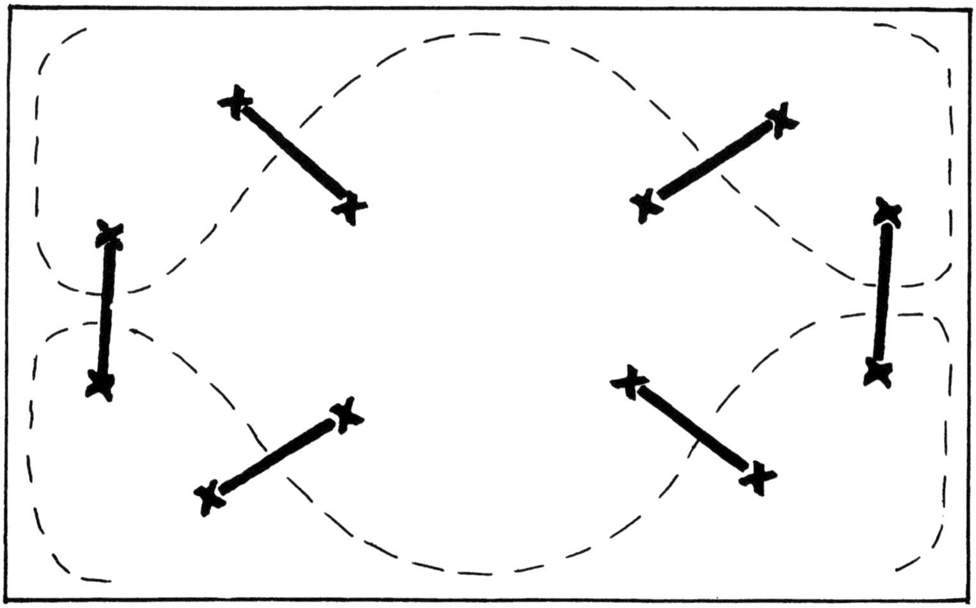

Register

Abfußen 14
Abfußen, ungleiches 32, 59
Ablaufen 33
Ablongieren 30
Abschluß 70
Absprungerleichterung 119
Absprunghilfe 113
Absprungphase 84
Absprungstange 106, 126
Abstand 29
Abstände 76
Abstände, erweiterte 134, 135
Abstände, vergrößerte 131
Abstände, verkürzte 134
Abwechslung 14
Acht 94, 122
Aktion 59
ängstliches Pferd 105
Anreiteweg 80, 90, 103, 114
Anreitphase 80
Arbeitsphase 76, 106
Arbeitstrab 52
Auge 89
Ausbalancieren 14, 15
Ausbindezügel 21, 25, 30
ausbrechen 123
Aussitzen 51, 52

Balance 100
Bandagen 21
Bascule 125
Beizäumen 25
Bodenverhältnisse 21

Caprilli, Federigo 7
Cavalettis, Longieren über 32

Diagonalen 36, 113
Distanz 87, 89
Distanz, richtige 15, 59
Doppelsprünge 137
Dreieckszügel 25
dreifache Kombinationen 137
Dressursitz 138

Ehrgeiz 24
eilig 122, 123
einfacher Wechsel 88, 94
Einhaken der Longe 30
einseitige Steifheiten 28, 66
Entlastungssitz 7, 50, 81
Erholung 130
Erholungsphase 76

Fänge 19, 105
Fehler 96
fliegender Wechsel 94
Flotow, Oberst von 7
freilaufend 24, 26
Freispringen 103, 132, 137
Führpferd 105, 111
Fußfolge, paßartige 40, 43

Galopp 62
Galoppsprung 76, 85, 87, 89
Gamaschen 21
Gasse 124
Gebiß 102
Gelände 77, 131, 134
Gerte 78, 123
Grundlinie 76, 126
Grundtempo 75, 79, 80, 88
Grundvoraussetzung 24 f.
Gymnastikreihe 75

Halseinstellung, tiefe 13, 43, 53, 57
Handgalopp 90, 94
Handwechsel 33, 69, 94, 120
heftig 117, 121
Hinterfuß, innerer 32, 68, 69
Hufschlag 36

Intelligenzschulung 14

junges Pferd 105

Kehrtwendungen 138
klettern 131, 136
Knieschluß 15, 50
Kombinationen, dreifache 137
Kondition 28
Konditionsschulung 13
Konzentration 79, 97
Korrektur 41
Kreuz 109, 113

Langen, Freiherr von 12
Lehrpferd 78
leichter Sitz 48, 50, 81
Leichttraben 57
Lektionen 130
Linien, gebogene 66
Linien, gerade 36
Loben 54
Longe, Einhaken der 30
Longieren über Cavalettis 32
Longiergurt 30
Lösen 24, 60, 130
lösende Übungen 68
Lösungsphase 76, 103, 106

Mähnenkamm 84, 99, 107, 123
Martinggal 102
Mittellinie 36, 113
Mittelschritt 40
Mitteltrab 27, 57
Müdigkeit 27
Muskelbildung 13
Muskelschulung 12

ohne Bügel springen 83
Oxer 109, 116

Passage 59
paßartige Fußfolge 40, 43
Pferd, ängstliches 105
Pferd, junges 105
Problem 133

Raumgriff 43, 134
Reaktionsvermögen 76, 97
Reitkappe 77
Rhythmus 79, 95
Rückenmuskulatur 76
Rückentätigkeit 51, 76, 117

Schädigung 13
schief 124
Schlangenlinie 67, 138
Schnellkraft 76
Schritt 29, 39, 42
Schritt, starker 43
Schritt, versammelter 43, 45, 134
Schrittpause 77, 86, 95, 113
schwanken 124
Schweißausbruch 27
Schwerpunkt 89, 120
Schwung 134
Selbstvertrauen 75
Sitz 14, 36, 71, 79
Sitz, leichter 48, 50, 81
Sitzkorrekturen 96
Spezialisierung 130
Sporen 77
springen ohne Bügel 83
springen ohne Zügel 98, 100
Springgamaschen 102
Springsitz 81, 82, 96
Sprungglocken 21, 102
Stallübermut 24
Ständer 18
Stangen 18,19
starker Schritt 43
starker Trab 59
Steifheiten, einseitige 28, 66
Steilsprung 106, 109, 111
Streichkappen 102

taxieren 125
Tempo 57,58
tiefe Halseinstellung 13, 43, 53, 57
Trab 47
Trab, starker 59
Trab, versammelter 52, 57
Tritte verlängern 57, 58
Trittsicherheit 13
trockenreiten 130

Überanstrengung 119
Überbeine 21
Übungen, lösende 68
Übungsdauer 27, 33

unaufmerksam 123
ungleiches Abfußen 32, 59
unvorsichtig 123

Verantwortung 12
Verbindungssteg 32
verkürzen 76, 89
verlängern, Tritte 57, 58
versammelter Trab 52, 57
versammelter Schritt 43, 45, 134
Vertrauen 79, 109
Viertaktgalopp 63
Volte 88, 103, 122, 138
Vorhandsfehler 100
Vorwärtsreiten 69

Wechsel, einfacher 88, 94
Wechsel, fliegender 94
Wendung 80, 111, 119, 122

Zäumung 102
Zirkel 122
Zirkellinie 90
Zügel 70
Zügel aus der Hand kauen lassen 53, 70
Zügel, springen ohne 98, 100
Zutrauen 107
Zwischenabstände, vergrößerte 27
Zwischenschritt 43, 46, 131
Zwischentritt 60